선을 묻는 이에게

천목중봉 스님의 산방야화

천목중봉 스님의 산방야화

선을 묻는 이에게

감역 · 벽해 원택

장경각

개정판을 발간하면서

○

해인사 백련암으로 출가한 몇 년 후 성철 큰스님께 여쭈었습니다.
"스님! 불교는 왜 인도에서 번성하지 못하고 쇠하여졌습니까?"
"이놈아! 불교가 어려워서 인도에서 쇠해버렸다."

큰스님의 말씀을 듣는 순간 망치로 머리를 맞은 듯 멍하였습니다. "불교가 어렵다."고 하신 그 말씀을 우리 모두의 화두로 삼아야 하지 않을까 생각합니다.

"불교가 어렵다"는 뜻은 "부처님의 말씀을 단순히 이해하고 사는 것이 아니라 부처님 말씀의 진리를 깨쳐서 부처님 마음과 자기의 마음이 하나가 되어 자유롭게 세상을 살아가는 그 실천을 이루기가 옛날에도 어려웠고 지금도 어렵고 내일에도 어려운 것"이라고 성철 큰스님께서 우리들에게 가르침을 주신 것이라 생각합니다.

참선을 통한 깨달음의 길을 대중들이 쉽게 걸어가길 바라셔서, 성철 큰스님께서는 30여 년 전에 선어록을 한글로 번역하여 발간토록 당부하셨습니다. 1987년 11월에 출판사 '장경각'을 합천군에 등록하여 그 후 6년에 걸친 작업 끝에 〈선림고경총서〉 37권을 1993년 10월에 완간하였습니다.

선을 묻는 이에게 …

그러나 책의 제목이 한문으로 쓰였고, 원문을 부록으로 실어서 인지 독자들에게 널리 읽히지 못하고 종이책은 10여 년 전에 절판 되고 교보문고의 전자책으로만 겨우 살아 있습니다.

30대 이하의 세대가 한문을 모르는 한글전용세대라는 점을 염 두에 두고 우선 〈선림고경총서〉 중에서 가장 요긴한 선어록을 골 라서 '성철스님이 가려 뽑은 한글 선어록'이라 이름하여 우선 10권 을 출판하려고 합니다.

2017년 정유년 2월부터 매달 한 권씩 한글세대를 위해 쉽고 자 세한 주석을 각 장의 뒤에 붙여서 발간하게 되었습니다. 인문학 분 야의 많은 책들이 쏟아지고 있습니다만 참선에 관한 좋은 인문학 서적이 부족한 이때 맑은 참선 지도의 도서가 되기를 바랍니다. 독 자 여러분들에게 선의 안목을 열어주는 좋은 인연이 맺어지기를 희망합니다. 야보선사의 게송을 한 구절 소개합니다.

대나무 그림자가 섬돌을 쓸어도 먼지 하나 일어나지 않고
달빛이 연못 속 밑바닥에 닿아도 물에는 흔적 하나 없구나.

죽영소계진부동   월천담저수무흔
竹影掃階塵不動   月穿潭底水無痕

2017년 2월 우수절
해인사 백련암
원택 합장

일러두기

1 문단 나누기는 빈가장경(頻伽藏經)의 과단(科段)을 그대로 따랐고, 그 문단에 대한 제목은 독자의 편의를 돕기 위해 임의로 붙였다.

2 한글 표기를 주로 했으나 전문용어는 한문을 괄호 속에 쓰기로 했다.

3 인명의 생존연대는 『선학대사전』을 참고로 했다.

4 주(註)는 모두 독자의 이해를 돕기 위해서 번역과정에서 붙인 것이다.

5 본문의 전거를 밝힐 때 T는 『대정신수대장경』, X는 『대일본속장경』, H는 『한국불교전서』를 의미한다. 예를 들어 T48-417a는 『대정신수대장경』 제48권 417쪽 a단을 말한다.

해제

○

解題

    천목중봉(天目中峰, 1263~1323) 스님은 남송(南宋) 말에서 원(元)나라 초기에 활동하였다. 절강성(浙江省) 항주(杭州) 전당(錢塘) 출신으로 속성은 손(孫) 씨이다. 15세에 5계를 받고 나서 『법화경』, 『원각경』, 『금강경』, 『전등록』 등을 두루 열람했다. 24세(1286년)에 천목산(天目山) 사자원(師子院)에서 고봉원묘(高峰原妙, 1238~1295) 스님을 참례(參禮)하고 이듬해(1287년)에 구족계(具足戒)를 받아 달마스님의 29세이자 임제스님의 15세 법손(法孫)이 되었다. 이로부터 천목산(天目山), 환산(皖山), 금릉(金陵), 변산(弁山), 경산(徑山), 육안산(六安山), 중가산(中佳山), 단양(丹陽), 평강(平江), 오강(吳江), 진강(鎭江) 등에 머무르면서 수행에 전념하였다. 스님의 도덕과 법력이 차츰 알려져 마침내 원나라 인종(仁宗) 임금까지도 감화되어 '불자원

조광혜선사(佛慈圓照廣慧禪師)'라 호를 내리고 금란가사를 보내오기
도 했다.

많은 납자들을 제접하다가 영종(英宗) 3년(1323)에 "나에게 한 구
절이 있으니 대중에게 분부하노라. 다시 묻는다. 무엇이 의지할 만
한 근본이 없는 것인가?[我有一句 分付大衆 更問如何 無本可據]"라는 임
종게를 남기고 시적(示寂)하니 세수는 61세, 법랍 37하(夏)였다. 시호
는 보응국사(普應國師)이다. 그 후 북정자적(北庭慈寂) 스님에 의해 유
저(遺著)로『천목중봉화상광록(天目中峰和尚廣錄)』30권이 편집되었
고, 원나라 혜종(惠宗) 원통(元統) 2년(1334)에 대장경에 편입되었다.

이『광록』의 내용은 시중(示衆), 소참(小參), 염고(拈古), 송고(頌古),
법어(法語), 서문(書問), 불사(佛事), 불조찬(佛祖贊), 자찬(自贊), 제발
(題跋),『산방야화(山房夜話)』,『신심명벽의해(信心銘闢義解)』,『능엄징
심변견혹문(楞嚴徵心辯見或問)』,『별전각심(別傳覺心)』,『금강반야약의
(金剛般若略義)』,『환주가훈(幻住家訓)』,『의한산시(擬寒山詩)』,『동어서
화(東語西話)』, 부(賦), 기(記), 설(說), 문(文), 소(疏), 잡저(雜著), 게송
(偈頌) 등이 실렸다.

이『광록』은 중국에서도 몇 번 간행되었었고, 우리나라에서는
1977년 불국사 선원에서 최초로 빈가장경(頻伽藏經)을 영인하여 보
급한 적이 있다.

『광록』을 보아서 알 수 있듯이, 중봉스님은『원각경』,『능엄경』
등을 비롯한 경론은 물론『전등록』을 비롯한 선서에도 해박했고,

유(儒)와 도(道)를 비롯한 제자서(諸子書), 나아가 시(詩)와 부(賦)에도 뛰어났다. 그런데 이 모두가 일대사인연(一大事因緣)으로 회통되며, 돈오무심(頓悟無心)을 종(宗)으로 삼아 견성성불(見性成佛)을 드날리니 달마스님의 바로 가리키는 선[直指之禪]과 부합된다. 가히 강남(江南)의 고불(古佛)이라 칭송되었을 만하다.

여기에 번역된 『산방야화』는 『광록』제11권에 해당한다. 저본으로는 빈가장경(頻伽藏經)을 사용했고, 청나라 광서(光緒) 신사(辛巳, 1881) 년에 고소각경처(姑蘇刻經處)에서 간행된 판본을 참고로 하였다.

『산방야화』는 대부분 대화체로 이루어졌으며, 참선하는 납자들이 실제 수행에서 생기는 문제들을 돈오돈수(頓悟頓修)의 입장에서 설명하였다. 뿐만 아니라 깨달음의 문제에서부터 사찰의 살림살이에 이르기까지 불자(佛子)들이라면 의심해 볼 만한 것들을 밀도 있고 설득력 있게 풀어 놓았다. 특히 생사의 문제는 다른 사람에 의해 해결될 수 있는 것이 아니라, 본인이 몸소 깨달아야 한다는 점을 간절하게 일러주고 있다.

차례

○

천목중봉 스님의
산방야화·중
●

○

천목중봉 스님의

산방야화·하

●

천목중봉 스님의
산방야화·상

01

○

태식법(胎息法)과 달마스님의
선(禪)은 동일합니까?

●

내[幻人]¹가 깊은 산속에 피해 살고 있을 때 홀연히 어떤 은자(隱者)가 찾아와 선상(禪床)을 마주하고 함께 밤에 좌선을 하게 되었다. 이날은 산 위로 뜬 달이 휘영청 밝아 창문이 대낮처럼 훤했다.

은자가 물었다.

"듣기에 의학(義學)²들은 '선정(禪定)의 선(禪)'과 우리 달마스님께서 단독으로 후세에 전한 '바로 가리키는 선[直指之禪]'이 같다고 한답니다. 달마스님께서 일찍이 『태식론(胎息論)』³을 지으셨는데, 이 중에 '제8식이 포태(胞胎)⁴에 머무를 때에는 오직 한 호흡에만 의지해야 하기 때문에 이것을 태식(胎息)이라고 한다'고 한 것을 멋대로 인용하여 '우리 선정(禪定)도 한 호흡에 의지한다'고 하는 것입니다. 요즘 이런 논의를 하는 사람들은 이 이야기에 가지를 치고 넝쿨을

지게 해서 우리 달마스님의 선(禪)과는 다르게 2승의 선정[二乘禪定]⁵으로 만듭니다. 어떻게 생각하십니까?"

내가 말했다.

"그것은 비방하는 말입니다. 달마스님이 전한 선을 모르는 것입니다. '4선8정(四禪八定)⁶ 이외에는 달리 선(禪)이라고 할 만한 것이 없다'고 주장한다면 달마스님이 멀리 인도 땅으로부터 27조(二十七祖)를 계승한, 여래의 가장 궁극의 마음 가르침이 바로 선(禪)임을 전혀 모르는 것입니다. 이 선은 이름이 많아서 최상승선(最上乘禪)⁷이라고도 하고 제일의선(第一義禪)⁸이라고도 합니다. 이것은 2승이나 외도나 4선8정(四禪八定)의 선과는 실로 하늘 땅 차이입니다. 이 선(禪)은 어떤 경전의 가르침으로도 전할 수 없고, 어떤 수행으로 닦아도 얻을 수 없으며, 어떤 견문으로도 이해할 수 없고, 어떤 방편으로도 들어갈 수 없는 것임을 알아야 합니다. 그렇기 때문에 교외별전(敎外別傳)이라고 합니다.

오직 부처 종자[佛種]를 숙세에 훈습한 큰마음의 중생만이 단계를 거치지 않고 하나를 듣고는 천 가지를 깨달아 대총지(大總持)⁹를 체득합니다. 이런 다음부터는 깊은 산속에서 홀로 머물기도 하고 세간에 뛰어들기도 하면서, 종횡무진하고 자유자재함에는 그 도가 일상을 초탈하고 말과 행동[語黙卷舒]에는 고정된 형식을 두지 않는데, 어떻게 선정이니 태식법이니 하는 것들을 말할 수 있겠습니까. 달마스님은 문자를 세우지 하지 않고 사람의 마음을 바로 가리켰습니다. 그리고 이것이 모두 여섯 대를 거쳐 혜능스님께 전해진 것입니다.[10] 혜능스님께서, '바로 가리켰다고 말하더라도 이것은 빙 둘러가는 것이다'[11]라고 하셨습니다. 그러니 이 말씀에 어떻게 언어문자라는 것이 있고 전해줄 그 무엇이 따로 있겠습니까.

세간의 『태식론』은 어느 망령된 무리들이 달마스님이 지었다고 속이는지도 모르겠습니다. 더구나 그 후에 달마스님의 본뜻을 속이려는 무리들은 그 학설을 좇아서 서로를 그릇되게 만들고 있습니다. 이것은 달마스님을 속이는 것이라기보다는 오히려 자신의 마음을 속이는 짓인 줄 알아야 합니다.

세존께서 49년 동안 설법하심[12]은 실로 중생들이 자기에게 속아 생사의 괴로움 속에서 허망하게 자신을 속박하여 끝내는 그것에서 벗어나지 못하는 꼴을 불쌍히 여기셨기 때문입니다. 그래서 마음법[心法][13]을 보여, 스스로 속아 넘어가는 것을 막으려 하신 것입니다. 그런데 지금에 와서 도리어 그 마음법으로 스스로를 속인다면 어디에 간들 자신에게 속아 넘어가지 않겠습니까."

주
:

1 천목중봉 스님은 스스로를 '환(幻)'이라고 하는 일이 많았다. 자신의 거처 이름도 '환주암(幻住庵)'이라고 짓고 스스로 '환주(幻住)'라거나 '환인(幻人)'이라고 하였다.

2 의학(義學) : 구사학(俱舍學)이나 유식학(唯識學)처럼 명목을 세우고 수를 정하여 그 개념과 뜻을 밝히는 학문을 말한다. 또는 그런 학문에 열중하는 이들을 일컫는 말이다. 선가(禪家)에서는 불교를 언어나 문자를 사용해 알음알이로 따지는 행위라 하여 교가(教家)의 학문을 낮추어 부를 때 사용한다. 중봉스님이 활약하던 원대(元代)에는 화엄종, 법상종, 천태종이 성행하였다.

3 『태식론(胎息論)』 : 지금『산방야화』에서도 달마스님의 저술이라고 거론하지만 예전부터 선문에서는 달마스님의 저술이 아니라고 배격하였다. 원오극근 선사 역시『태식론』이 달마스님의 저술이 아니라고 주장하였다.『원오불과선사어록(圓悟佛果禪師語錄)』권20「파망전달마태식론(破妄傳達磨胎息論)」(T47-809c). 태식법은 도가(道家)의 호흡법이다. 잡념을 없애고 숨을 고르고 길게 쉬어 기운이 배꼽 아래에 미치게 하는 방법이다. 장수의 비법으로 행해졌다.

4 포태(胞胎) : 어머니의 자궁에 있을 때 태아를 감싸는 얇은 막.

5 2승의 선정 : 초선(初禪)·2선(二禪)·3선(三禪)·4선(四禪)의 색계(色界) 4선과 공무변처정(空無邊處定)·식무변처정(識無邊處定)·무소유처정(無所有處定)·비상비비상처정(非想非非想處定)의 무색계(無色界) 4선을 말한다. 흔히 4선8정(四禪八定)이라고 한다.

6 4선8정(四禪八定) : 초선·2선·3선·4선의 색계 4선과 공무변처정·식무변처정·무소유처정·비상비비상처정의 무색계 4선을 말한다.

7 최상승선(最上乘禪) : 규봉종밀(圭峰宗密) 스님이 선(禪)을 외도선(外道禪)·범부선(凡夫禪)·소승선(小乘禪)·대승선(大乘禪)·최상승선(最上乘禪)

의 5종으로 분류하고 보리달마의 선을 최상승선이라 지칭한 것에서 유래한 명칭이다. 『선원제전집도서(禪源諸詮集都序)』 권상(T48-399a).

8   제일의선(第一義禪) : 제일의(第一義)는 궁극의 진리, 언어로 표현할 수 없고 사유로 개념 지을 수 없는 최고의 진리를 일컫는 말이다. '제일의선(第一義禪)'이라는 말은 『대방등대집경(大方等大集經)』·『보살지지경(菩薩地持經)』·『입대승론(入大乘論)』 등에서 이미 사용된 용어이나 후대 선종에서 흔히 달마의 선을 지칭하는 용어로 사용하였다.

9   총지(總持) : 'dharani'의 번역이다. 한량없이 깊고 많은 뜻을 기억하여 잃지 않음, 또는 선법을 잘 지녀서 잃지 않고 악법을 일어나지 않게 함을 말한다.

10   초조(初祖) 달마(達摩)의 선은 2조 혜가(慧可)·3조 승찬(僧璨)·4조 도신(道信)·5조 홍인(弘忍)·6조 혜능(慧能)에게 전수되었다. 혜능(638~713)선사는 남해(南海) 신흥(新興) 사람으로 속성은 노(盧) 씨이다. 5조 홍인을 스승으로 섬겨 의발(衣鉢)을 전수받고 남쪽으로 내려가 교화를 펼쳤으며 조계산(曹溪山)에서 선풍(禪風)을 크게 떨쳤다. 선천(先天) 2년에 나이 76세로 입적하였고, 시호는 대감선사(大鑑禪師)이다. 그의 법문을 기록한 『육조법보단경(六祖法寶壇經)』이 전한다.

11   원문은 "說箇直指 早是曲了也"이다. 『육조단경』이나 『전등록』 등 육조혜능 대사의 어록에서는 위와 같이 직접적으로 언급한 구절을 찾을 수 없다. 후대 여러 선사들이 이를 육조혜능 대사의 말씀으로 언급하고 있다. 『무문관(無門關)』 「황룡삼관(黃龍三關)」에서 "사람의 마음을 곧장 가리켜 성품을 보아 부처를 이룬다 하였지만 '곧장 가리킨다'는 그 말부터 이미 한참을 둘러간 것이다.[直指人心 見性成佛 說箇直指 已是迂曲]"(T48-299b)라고 하였다. 천목중봉 화상은 「시양직몽수좌(示養直蒙首座)」라는 글에서도 "이에 여섯 대를 전해 조계에 이르러서는 '곧장 가리킨다는 그 말부터가 이미 한참 둘러간 것이다'라고 말씀하셨다[於是六傳至曹溪 謂 說箇直指早已迂曲了也]"고 하여 이를 육조혜능 대사의 말씀으로 언급하고 있다. 『천목중봉화상보응국사법어(天目中峰和尚普應國師法語)』(X70-

741a). 또, 이와 유사한 의미로 원오극근 선사는 다음과 같이 말했다. "그래서 달마대사는 서쪽에서 찾아와 문자를 세우지 않고 곧장 사람의 마음을 가리켜 성품을 보아 부처를 이루게 하신 것이다. 그러나 그 뒤 육조대감 선사께서는 오히려 말씀하시기를 '세우지 않는다는 바로 그 두 글자가 이미 세운 것이다'라고 하셨다."[所以達磨西來不立文字 直指人心 見性成佛 後來六祖大鑑禪師 尚自道 只這不立兩字 早是立了也]『원오불과선사 어록(悟佛果禪師語錄)』제12권(T47-769a).

12 일반적으로 석가모니 부처님은 35세에 깨닫고 45년 동안 설법했다고 말하지만 중국불교에서는 30세에 깨달아 49년 동안 설법했다는 이해 가 일반적이다. 이것을 '설법주세사십구년(說法住世四十九年)'이라고 표현 한다.『경덕전등록(景德傳燈錄)』권1(T51-205b).

13 마음법[心法]은 곧 일심법(一心法)을 말한다. 심외무법(心外無法)·심즉시 법(心卽是法)을 주창하는 선문(禪門)에서는 만법의 근원이 오직 마음뿐 임을 밝히는 법칙을 심법(心法)이라 한다.

02

○

교외별전(敎外別傳)의
참뜻은 무엇입니까?

●

어떤 이가 물었다.

"선(禪)을 교외별전(敎外別傳)이라 부르는데, 과연 따로 전할 만한 도리가 있는지요? 의학(義學)들이 이에 대해서 이런저런 말을 하는 것을 늘 보고 있으니 논의하지 않을 수 없습니다."

내가 말했다.

"의학(義學)들은 개념과 구조를 분석하려고 애를 쓰기 때문에 그 도리를 끝까지 알아내지 못합니다. 그 궁극을 완전히 밝힌다면 '별전(別傳)'이라는 두 글자는 한 번 웃으며 풀릴 것입니다. 왜냐하면 네 종파[1]가 모든 부처님의 깨달음을 함께 전했으므로 어느 한 종파도 빠뜨려서는 안 되기 때문입니다. 부처님께서는 일음(一音)으로 법을 펼치시는 분[2]이시고, 교(敎)에서도 '오직 일불승(一佛乘)일

뿐 2승도 3승도 없다'³고 하였는데, 네 종파의 구별이 있겠습니까.

각각 전문적인 부분을 중심으로 해서 임의로 그렇게 한 것이지 따로 일불승(一佛乘)이 있는 것은 아닙니다. 마치 사계절이 순서대로 모여 1년이 되려면 봄·여름·가을·겨울의 구별이 있어야 하고, 그러면서도 구별할 수 없는 것이 있어야 한 해라는 것이 이루어지는 것과 같습니다. 밀종(密宗)⁴은 봄이고, 천태(天台)⁵·현수(賢首)⁶·자은(慈恩)⁷ 등의 교종(敎宗)은 여름이고, 남산 율종(律宗)⁸은 가을이고, 소림에서 따로 전한 종(宗)은 겨울입니다. 이치로 따져 보면 선종(禪宗)이 다른 교종(敎宗)의 별전(別傳)인 줄만 알고 교종이 선종의 별전인 줄은 모르는 셈입니다.

요약해서 말해 보겠습니다. 밀종은 모든 부처님이 큰 자비[大悲]로 중생을 제도하신 마음을 선양한 것이고, 교종은 모든 부처님이 큰 지혜[大智]로써 중생들에게 열어 보이신[開示]⁹ 마음을 천양한 것이며, 율종은 모든 부처님이 위대한 행동[大行]으로 장엄하신 마음을 지키는 것이고, 선종은 모든 부처님이 깨치신[大覺] 뚜렷한 마음을 전한 것입니다. 이것은 마치 4계절의 순서가 뒤섞일 수 없는 것과 같습니다. 뒤섞일 수 없다는 것이 별전(別傳)이 아니고 무엇이겠습니까."

어떤 이가 말했다.

"다른 세 종파에서는 별전(別傳)을 말하지 않는데, 오직 선종에서만 별전을 드러내 말합니다. 왜 그렇습니까?"

이렇게 대답했다.

"이치가 그럴 수밖에 없습니다. 모든 종파에는 깨달음의 문을 따라 나중에 들어가고, 배움을 통해서 나중에 깨닫습니다. 그러나 선종만은 안으로 사량분별을 용납하지 않고, 밖으로도 배움과 점진적인 수행을 필요로 하지 않습니다. 그럼에도 불구하고 오랜 옛날부터 오늘에 이르기까지 조금도 부족하거나 모자람이 없습니다. 마음속으로 비교하고 요리조리 따지면 벌써 잘못된 길에 빠지는 것입니다. 이렇게 해서 설사 몸 전체로 깨닫는다 해도 도리어 어리석은 짓일 뿐이어서 진실로 별전 속에서 또 다른 별전을 찾는 격입니다. 이것은 그림을 보고 좋은 말[馬]을 찾으려는 것과 같으니 어찌 선의 근본을 알 수 있겠습니까. 그러니 우리 선(禪)에 교외별전(敎外別傳)이 있다는 소리를 듣고 그들이 놀라더라도 전혀 이상할 것이 없습니다."

주
:

1   뒤의 내용으로 보면 여기에서 네 종파는 교종(敎宗)·선종(禪宗)·율종(律宗)·밀종(密宗)을 말한다.

2   대표적으로 『유마힐소설경(維摩詰所說經)』「불국품(佛國品)」에 "부처님은 일음으로 법을 펼치시지만 중생들은 근기에 따라 각각 이해한다[佛以一音演說法 衆生隨類各得解]"(T14-538a)고 하였다.

3   『묘법연화경(妙法蓮華經)』「방편품(方便品)」에 "사리불이여, 여래는 1불승으로 중생에게 설법할 뿐 2승이나 3승 등의 다른 승은 없다[舍利弗 如來但以一佛乘故 爲衆生說法 無有餘乘 若二若三]"(T9-7b)고 하였고, 「비유품(譬喻品)」에서는 "사리불이여, 이런 인연으로 모든 부처님께서 방편력으로 1불승을 3승으로 나누어 설하신다는 것을 알아야 하느니라[舍利弗 以是因緣 當知諸佛方便力故 於一佛乘分別說三]"(T9-13c)고 하였다.

4   밀종(密宗) : 진언종(眞言宗)의 다른 이름이다. 진언·만다라작법·인계 등을 주요 수행법으로 삼는 밀교를 지칭한다. 716년(당 개원 4)에 선무외(善無畏) 삼장이 『밀종론(密宗論)』을 번역하면서 중국의 진언종이 시작되었고, 금강지(金剛智) 삼장과 불공(不空) 삼장이 크게 선양하였다.

5   천태(天台) : 천태종의 개조(開祖)인 지의(智顗, 538~597)대사를 말한다. 중국 수나라 스님으로 자는 덕안(德安), 속성은 진(陳) 씨이며 형주 화용현 사람이다. 18세에 출가하여 율학과 대승교를 배우고, 560년 혜사(慧思)로부터 심관(心觀)을 전수받았다. 30세에 혜사의 명으로 금릉에서 전도하고, 32세에 와관사에서 『법화경』을 강의하였으며, 38세에 천태산에 들어가 수선사를 창건하였다. 이후 『법화경』을 중심으로 불교를 체계화시킨 종지를 선양하며 각처에서 불법을 크게 흥륭시켰다. 591년 여산에서 진왕 양광(楊廣)에게 보살계를 주고 지자대사(智者大師)라는 호를 받았으며, 개황 17년 천태산 석성사에서 나이 60세로 입적하였다. 저서로 『법화현의(法華玄義)』·『법화문구(法華文句)』·『마하지관(摩訶

止觀)』·『관음현의(觀音玄義)』·『관음의소(觀音義疏)』·『금광명현의(金光明玄義)』·『금광명문구(金光明文句)』·관무량수경소(觀無量壽經疏)』등 30여 부가 있으며 이 대부분은 수제자 장안관정(章安灌頂)이 필수(筆授)한 것이다.

6 현수(賢首) : 화엄종 제3조로서 화엄의 종풍을 크게 선양한 현수법장(賢首法藏, 643~712) 대사를 말한다. 속성은 강(康) 씨이며 호는 향상(香象)이다. 17세에 태백산에 들어가 수년 동안 경론을 연구하였고, 다시 낙양 운화사에서 지엄(智儼)에게 『화엄경』을 들었다. 26세 때 지엄이 열반하자 그 법을 깊이 수호하다가 28세에 칙명으로 출가하여 여러 차례 『화엄경』을 강하였다. 53세 때 인도 스님 실차난타(實叉難陀)가 우전국에서 『화엄경』 범본(梵本)을 가지고 와 번역하게 되자 그 필수(筆受)를 맡아 5년 만에 마치니, 이것이 『80화엄경』이다. 699년 10월에 측천무후의 청으로 불수기사(佛授記寺)에서 새로 번역된 『화엄경』을 강하였고, 현수라는 호를 받았다. 측천무후의 두터운 신임과 지원에 힘입어 『화엄경탐현기(華嚴經探玄記)』·『화엄오교장(華嚴五敎章)』·『화엄지귀(華嚴旨歸)』·『유심법계기(遊心法界記)』·『금사자장(金獅子章)』·『망진환원관(妄盡還源觀)』·『기신론의기(起信論義記)』 등을 저술하여 화엄의 교리를 크게 밝히고 화엄종의 조직적 체계를 강화하였다. 당 선천 1년 11월 장안 대천복사에서 70세를 일기로 입적하였다.

7 자은(慈恩) : 인도로 유학하여 중국에 유식학을 전수한 현장(玄奘, 622~664)대사를 말한다. 속성은 진(陳) 씨이며 12세에 낙양 정토사에서 출가하여 『열반경』·『섭론』·『발지론』·『비담론』·『구사론』·『성실론』 등을 수학하였고, 29세 되던 629년(당 정관 3년 8월)에 구법의 뜻을 세워 고창(高昌)·구자국(龜玆國) 등을 지나서 총령을 넘어 인도로 들어갔다. 인도의 불적(佛蹟)을 두루 참배하고, 나란타사에서 계현(戒賢)으로부터 『유가론』·『인명론』·『구사론』 등을 5년에 걸쳐 학습하였다. 불사리(佛舍利)와 불상(佛像), 대승과 소승의 경·율·논 520질 657부(部)를 가지로 645년 1월 장안에 돌아온 현장은 이후 번역과 강의에 종사하며 『성유

식론』·『구사론』·『인명론』의 홍통(弘通)에 힘쓰다 인덕 1년 2월 대자은
사에서 63세로 입적하였다. 『성유식론』을 중심으로 한 그의 학풍을 법
상종(法相宗)이라 하고, 또한 그와 그의 제자 규기(窺基)가 대자은사(大
慈恩寺)에 오래 머물렀던 까닭에 자은종(慈恩宗)이라고도 한다.

8 남산 율종(律宗) : 남산종(南山宗)이라고도 한다. 당나라 때 종남산(終南
山)에 거주하던 도선(道宣)이 사분율(四分律)을 중심으로 개창한 종파이
다.

9 『법화경』「방편품」(T9-7a)에서 부처님께서 이 세상에 출현하신 것은 중
생들에게서 부처님의 지견[佛知見]을 열어주고[開], 보여주고[示], 깨닫게
하고[悟], 들어가게[入] 하려는 일대사인연(一大事因緣) 때문이라 하였다.
이를 사불지견(四佛知見)이라 한다.

03

○

영가스님의 선과 달마스님의
선은 동일합니까?

●

어떤 이가 물었다.

"영가(永嘉)스님[1]은 '또렷하면서 고요한 것[惺惺寂寂]은 약이고, 혼
침에 머무르거나 어지러운 생각은 병이다'[2]라고 말씀하셨습니다.
이 말씀은 달마스님이 전한 선(禪)과는 어떤 관계가 있는지요?"

내가 대답했다.

"『영가집(永嘉集)』10편(十篇)[3]이 주로 설명하는 닦아서 깨닫는다
는 내용은 대부분 지관법문(止觀法門)[4]의 방법을 받아들인 것입니
다. 처음은 생각을 잠잠하게 하고 6진(六塵)을 잊는 것[息念忘塵][5]이
며, 다음은 대상과 인식작용[智]을 모두 고요하게 하는 것[境智冥
寂][6]입니다. 따로 설명하는 관심십문(觀心十門)[7]까지 가면 매우 현묘
(玄妙)하여 무생(無生)을 깊이 통달합니다.

그러나 달마스님만은 사람들에게 그 자리에서 자신의 마음을 분명히 밝히도록 했을 뿐입니다. 마음이 밝아지기만 하면 마치 주인이 자기 집에 돌아와 마음대로 활동하듯 복잡하게 여러 이론을 끌어들이지 않게 되니, 모두 이런 이유에서입니다. 달마스님이 신광(神光)스님[8]을 가르칠 때에도 '밖으로는 모든 반연을 끊고, 안으로는 마음의 헐떡임이 없어서 마음이 장벽과 같아야 올바른 방법을 찾은 것이다'[9]라고 했을 뿐, 그 밖에 다른 말을 하셨다는 얘기는 듣지 못했습니다. 정말로 마음속에 깨달은 바가 있는 사람이라면 단계를 거쳐서 언덕을 건너간다는 것이 달마스님의 바로 가리키는 선과 전혀 비교도 할 수 없다는 것을 알 것입니다.

어찌 영가스님만 그렇겠습니까. 천태스님의 3관(三觀)[10]과 현수스님의 4법계관(四法界觀)[11]도 이 마음의 지극한 이치를 자세히 풀어 놓은 것들입니다. 과거 부처님이 다시 세간에 오셔서 마음법을 설하셔도 이보다 나을 수 없을 것입니다. 하지만 달마스님과 다른 점은 대체로 언어적인 이론을 사용했느냐 하지 않았느냐의 차이뿐입니다. 말로 이치를 설명한 예를 들면, 『원각경(圓覺經)』에서는 3관(三觀)을 25륜(二十五輪)[12]에 배대하였고 『능엄경(楞嚴經)』에서는 18계(十八界)와 7대성(七大性)으로 25원통(二十五圓通)[13]을 증득하는 것을 설했습니다. 어찌 이 두 경전에 그치겠습니까. 그러나 경전에서 늘어놓은, 닦아서 증득하는 방편[修證法門]을 다 섭렵했다 하더라도, 달마스님이 전한 바로 가리키는 선과는 전혀 다릅니다. 왜냐하면 복잡하게 언어적인 이론을 늘어놓으면 교외별전(敎外別傳)이라 할 수 없기 때문입니다."

어떤 이가 말하였다.

"그렇다면 달마스님의 선과 모든 부처님의 가르침이 다릅니까?"

내가 대답하였다.

"우리가 부처님과 조사의 가르침에 대해서 같다는 생각도 할 수 없거늘 어찌 다르다는 생각을 할 수 있겠습니까. 당신은 부처님의 가르침 중에서 '총지(總持) 자체는 문자가 아니나 문자로써 총지를 밝힌다'[14]는 말을 듣지 못했습니까? 이와 마찬가지로 총지 자체는 문자가 아니라는 입장이 달마스님이 계합하고 바로 가리키신 선이며, 반면에 문자를 이용하여 총지를 밝힌다는 입장이 여러 교종의 이론입니다. 또한 달마스님의 가르침이 교종과 다르다는 말은 자기의 가슴 속에서 나와 특이하다는 것이 아니라, 영산회상(靈山會上)에서 최후로 대가섭(大迦葉)에게만 유일하게 전해 주신 마음법을 달마스님이 그대로 계승하셨다는 데 있습니다. 물론 대가섭 한 사람만 소유한 것이 아니라 모든 중생들이 품고 있는 신령한 마음입니다.

그러므로 부처님께서 자비심을 내어 중생들을 제도하실 때 듣는 사람들의 날카롭고 둔한 근기의 차별에 맞게 하셨으니, 이른바 대소(大小), 편원(偏圓), 동이(同異), 현밀(顯密)[15]의 방편에 자기(自己)를 용납하지 않으신 것입니다."

주
:

1 영가(永嘉)스님 : 당나라 현각(玄覺, 647~713)대사를 말한다. 속성은 대
(戴) 씨이며 자는 명도(明道), 호는 일숙각(一宿覺)이다. 온주(溫州) 영가현
(永嘉縣) 사람으로 8세에 출가하여 경론을 널리 연구하였고, 특히 천태
지관(天台止觀)에 정통하였다. 온주의 용흥사에서 선관(禪觀)을 닦다가
조계의 혜능(慧能)을 찾아뵙고 의심을 단숨에 결단하였다. 당 개원 1년
10월 용흥사 별원에서 49세로 입적하였으며, 시호는 무상대사(無相大
師)·진각대사(眞覺大師)이다. 저서로 『선종영가집(禪宗永嘉集)』, 『관심십
문(觀心十門)』, 『증도가(證道歌)』 등이 있다.

2 원문은 "惺惺寂寂爲藥 昏住亂想爲病"이다. 『선종영가집』「사마타송(奢
摩他頌)」에 "어지러운 생각은 병이고 무기도 병이다. 고요함은 약이고 또렷
함도 약이다[亂想是病 無記亦病 寂寂是藥 惺惺亦藥]"(T48-390c)라고 하였다.

3 『선종영가집』은 1 모도지의(慕道志義), 2 계교사의(戒憍奢意), 3 정수삼업
(淨修三業), 4 사마타송(奢摩他頌), 5 비바사나송(毘婆舍那頌), 6 우필차송
(優畢叉頌), 7 삼승점차(三乘漸次), 8 이사불이(理事不二), 9 권우인서(勸友
人書), 10 발원문(發願文)의 10장으로 구성되어 있다.

4 천태지의(天台智顗, 538~597) 스님의 『마하지관(摩訶止觀)』을 가리킨다.

5 『선종영가집』「사마타송(奢摩他頌)」에 "6진을 잊는다는 것은 생각을 잠
잠하게 함으로써 잊는 것이고, 생각을 잠잠하게 한다는 것은 6진을 잊
음으로써 잠잠해지는 것이다.[塵忘則息念而忘 念息則忘塵而息]"(T48-389b)
라고 하였다.

6 『선종영가집』에 "境智冥寂"이라는 표현은 보이지 않는다. 다만 「정수
삼업(淨修三業)」에 "境智雙寂"(T48-388b)이나 "境智雙忘"(T48-389b), 「사
마타송(奢摩他頌)」에 "境智俱空"(T48-389c), 「비바사나송(毘婆舍那頌)」에
"境智冥一"(T48-391a), 「우필차송(優畢叉頌)」에 "境智冥合"(T48-391b)의
표현이 보인다.

7 『선종영가집』「우필차송」(T48-391b)에 실린 '관심십문(觀心十門)'은 1 언기법이(言其法爾), 2 출기관체(出其觀體), 3 어기상응(語其相應), 4 경기상만(警其上慢), 5 계기소태(誡其疎怠), 6 중출관체(重出觀體), 7 명기시비(明其是非), 8 간기전지(簡其詮旨), 9 촉도성관(觸途成觀), 10 묘계현원(妙契玄源)이다.

8 신광(神光)스님 : 달마대사로부터 선법을 전수한 선종 제2조 혜가(慧可, 487~593)대사를 말한다. 속성은 희(姬) 씨이며 낙양(洛陽) 무로(武牢) 사람이다. 여러 곳을 편력하며 불교와 유교를 배웠고 32세에 향산에 돌아와 8년 동안 좌선하다가 40세에 숭산 소림사로 달마대사를 찾아갔다. 눈이 수북이 쌓이도록 물러나지 않고 가르침을 구하였으나 허락하지 않자 왼팔을 끊어 굳은 의지를 보였고 마침내 허락을 받아 크게 깨달았다. 552년 제자 승찬(僧璨)에게 법을 전하고, 업도(鄴都)에서 34년 동안 종풍을 크게 선양하였다. 수나라 개황 13년에 107세를 일기로 입적하였다.

9 원문은 "外絕諸緣 內心無喘 心如牆壁 乃可入道"이다. 의미는 같으나 『경덕전등록(景德傳燈錄)』 권3(T51-219c)과 『소실육문(小室六門)』(T48-370a) 등 대부분의 전적에 "外息諸緣 內心無喘 心如牆壁 可以入道"로 되어 있다.

10 천태스님의 3관(三觀) : 천태지자 대사가 체계화시킨 공관(空觀)·가관(假觀)·중관(中觀)의 3종 관법을 말한다. 밝은 지혜로 3제 즉 공제(空諦)·가제(假諦)·중제(中諦)를 차례로 관하는 차제삼관(次第三觀)과 자기의 일념에서 3제를 동시에 관하는 일심삼관(一心三觀)이 있다.

11 4법계관(四法界觀) : 화엄종의 중요한 교의(敎義)로서 우주를 관찰하는 네 가지 방법을 말한다. 첫째는 우주 만유의 낱낱 현상을 관찰하는 사법계관(事法界觀), 둘째는 우주 만유의 평등한 근본인 이치를 관찰하는 이법계관(理法界觀), 셋째는 이치가 곧 그대로 현상임을 관찰하는 이사무애법계관(理事無碍法界觀), 넷째는 이치와 현상이 서로 융통무애할 뿐만 아니라 현상과 현상이 융통무애함을 관찰하는 사사무애법계관(事事

無碍法界觀)이다.

12 　25륜(二十五輪) : 『원각경(圓覺經)』(T17-918bc)에서 3관, 즉 사마타(奢摩他)·삼마발제(三摩鉢提)·선나(禪那) 이 세 가지 중 무엇을 닦고 어떤 순서로 닦는가에 따라 25종으로 분류한 것을 말한다.

13 　25원통(二十五圓通) : 원통(圓通)을 깨닫기 위해 실천 수행하는 25종의 방편을 말한다. 부처님이 능엄회상(楞嚴會上)에서 보살 성문 등에게 "진여의 오묘한 경계를 원만하게 통달하는 데에 어떤 법을 근본으로 삼는가?"라고 묻자 각자 체득한 바에 따라 25종을 원통의 방편으로 대답하였다. 25종은 곧 6근(六根)·6진(六塵)·6식(六識)의 18계와 지수화풍공견식(地水火風空見識)의 7대(七大)이다.

14 　"總持無文字 文字顯總持."『대반야바라밀다경(大般若波羅蜜多經)』권572(T7-957a), 『승천왕반야바라밀경(勝天王般若波羅蜜經)』권6(T8-720c)

15 　대소는 대승(大乘)과 소승(小乘), 편원은 편교(偏敎)와 원교(圓敎), 현밀은 현교(顯敎)와 밀교(密敎)를 말한다.

04

○

교종에서 주장하는 내용과
달마스님의 선은 다릅니까?

●

어떤 이가 물었다.

"교종의 여러 가지 언설(言說)과 달마스님의 바로 가리키는 법문에 같은 점이 있다고 들었습니다. 예를 들면, 『화엄경(華嚴經)』에서 '일체법이 그대로 마음의 자성임을 알면 다른 것에 의지하지 않고 깨달아 지혜의 몸을 성취한다'[1]고 하였고, 『법화경(法華經)』에서 '이 법은 사량분별로써 알 수 있는 것이 아니다'[2]라고 하였고, 『금강반야경(金剛般若經)』에서 '모습이 있는 모든 것은 허망하다'[3] 하고 '이 법은 평등하여 높고 낮은 것이 없다'[4]고 하였습니다. 『원각경(圓覺經)』에서는 '이것이 헛꽃인 줄 알면 윤회의 굴레가 없을 것이며 몸과 마음도 생사를 받지 않는다'[5]고 하였고, 『능엄경(楞嚴經)』에서는 '6근(六根)과 6진(六塵)이 같은 근원이므로 속박과 해탈이 둘이 아니다'[6] 하고 '지견에서 앎을 세운다'[7]고 하였습니다. 그 밖에도 여러 경론에서 이와 같은 이야기는 수없이 나옵니다. 그러니 어찌 달마 스님의 바로 가리키는 법문이 있고 나서야 그런 것이겠습니까?"

내가 대답했다.

"전에도 말한 것처럼 이런 문자들은 총지(總持)를 드러내는 것뿐입니다. 진실로 자기 마음 깊이 한 번이라도 깨달아보지 못하면 부질없이 약(藥)만 늘어놓을 뿐 병을 고치지는 못합니다. 만약 한 번이라도 본성에 계합하여 깨달았다면 어찌 대승 경론의 구절들만 달마스님의 선과 일치한다고 주장하겠습니까. 하찮은 이론과 바람 소리나 빗방울 소리에 이르기까지 모두 달마스님이 전한 바로 가리키는 법문과 계합할 것입니다. 그러나 만약 언어와 형상을 떠난 자리에서 자기 본성에 계합하지 못하고 대승 경론의 그럴듯한 말만 기억한다면 절대로 깨달을 수 없습니다. 옛사람들이 '마음 밖의 것에 의지해 견해를 낸다면 스스로 깨닫는 길을 막는 꼴이다'[8]고 말씀하시고, 금가루가 눈에 들어간 것으로 비유하신 것이 꼭 들어맞습니다.[9] 참선하는 납자들은 이 점을 마음에 깊이 새겨 스스로 미혹되지 말아야 합니다.

또한 어찌 경전의 문자만 유독 달마스님의 바로 가리키는 이치와 일치하지 않겠습니까? 선종 문하에서도 2조(二祖) 혜가(慧可)스님의 안심(安心)[10]과 3조(三祖) 승찬(僧璨)스님의 참죄(懺罪)[11]와 남악(南嶽)스님이 벽돌을 갈고,[12] 청원(靑原)스님이 발을 늘어뜨린 것[13]으로부터 비마(秘魔)스님의 나무집게[14]와 설봉(雪峰)스님의 공굴리기[15]와 덕산(德山)스님의 매질[16]과 임제스님의 할[17]에 이르기까지 1,700칙의 기연(機緣)이 모두 이 여덟 글자[18]를 부수고 열어 두 손으로 분부하신 것입니다. 그러나 이 자리에서 당장 어떤 물건이라도 생겼다 하면 간격이 벌어지고 장애가 됩니다. 그대가 자기 자신에게서 철저히 깨닫지 못하고 알음알이[情意識]를 가지고 으뜸 원(元)자 한 자라도 알아차려 마음속에 기억해 둔다면 '기름이 국수에 들어가듯 온갖 잡독이 심장에 들어갔다'[19] 하는 것이며, 또 '제호(醍醐)의 맛은 세상에서 제일이지만 이런 사람에게는 도리어 독약이 된다'[20]는 경우입니다.

　이것을 분명히 알아야 합니다. 달마스님의 바로 가리키는 법문은 마음을 이용해 들어갈 수 있는 것도 아니고, 생각으로 들어갈 수 있는 것도 아니며, 발 들여놓을 틈도 없고, 손에 닿지도 않는 곳입니다. 이 자리는 직접 자신의 본성으로 미끄러지듯 한걸음에 성큼 밑바닥까지 쑥 들어가야 합니다. 그래야 비로소 이해하고 상응했다 할 것입니다. 그러면 침 뱉고 팔 흔드는 등의 하찮은 일까지 모든 행위가 저절로 마음속에서 흘러나오게 됩니다. 이것은 마치 사자가 친구를 구하지 않는 것과 같습니다. 이렇게 되면 앞에서 말한 1,700공안마저도 여우가 흘린 침에 잡다한 독이 들어 있는 것처럼 쓸데없는 소리인 줄 알게 됩니다. 어찌 털끝만큼이라도 바깥 경계에 휘둘리겠습니까.

애석합니다. 때로 총명하다고 자처하는 무리들이 스스로 깨달으려 하지는 않고 밤낮으로 잡다한 독 구덩이 속에 웅크리고 앉아 헛된 짓만 일삼고 있습니다. 말하자면 향상(向上)이니 향하(向下)니,[21] 전제(全提)니 반제(半提)니,[22] 최초(最初)니 말후(末後)니,[23] 정안(正按)이니 방고(旁敲)니,[24] 조용(照用)[25], 주빈(主賓),[26] 종탈(縱奪),[27] 사활(死活)[28] 등등으로 사방팔방 쓸데없는 주석을 끌어들여 억지로 이론을 세우고 이름을 붙입니다. 그리하여 그것을 자기 종파의 중요한 핵심이라 받들며 후인들을 현혹하기도 합니다.

그런가 하면 어떤 사람들은 선배들의 문장과 이론만 비판 검토하여 평가하기도 합니다. 즉 어떤 선배의 말씀은 '전제(全提)와 향상(向上)이기 때문에 곁가지는 모두 잘라 버렸다'고 평가하고, 어떤 선배의 말씀은 '참신하고 솜씨 있게 고금을 요리하였다'고 평가하며, 어떤 선배의 말씀은 '선을 무미건조한 것으로만 이야기하였다'고 평가하기도 합니다. 이렇게 수만 가지로 비교하고 헤아리나 그들은 다음과 같은 사실을 전혀 모릅니다. 크게 통달한 선배들은 가슴이 확 트여 속에 한 물건도 남겨 두지 않았으므로 상황을 만나 바깥 물건에 응할 때 그저 손 가는 대로 했을 뿐, 애초부터 이리저리 궁리하여 선택하지 않았습니다. 그 자리에서 번개처럼 해 버려야지 자취를 더듬다가는 각주구검(刻舟求劍)[29]이 되고 맙니다. 더구나 어찌 사량분별에 얽매여 선사들의 빼어난 기연[峻機]을 희롱하고 교묘한 말을 꾸며서 후배들을 부채질하고, 그들에게 자기

주장을 떠받들도록 유혹할 수 있겠습니까.

또 선배들은 상대방을 근기에 알맞게 지도할 때 그 내용을 추세(麤細),[30] 현밀(顯密),[31] 광략(廣略)[32] 등으로 다르게 하였습니다. 이렇게 한 이유는 무엇보다도 진실한 마음에서 그런 것이지 애초부터 조작하려는 의도는 없었던 것입니다. 비유하면 마치 커다란 범종과 북이 사람이 두들기는 대로 소리가 나는 것과 같습니다. 크고 작고 맑고 탁한 그 소리는 본래 북이나 종이라는 하나의 정해진 그릇에 달렸습니다. 그런데 그릇의 성능이 좋지 못하다고 하여 거기에다 눈곱만큼이라도 다른 소리를 첨가시키면 그 고유의 음색을 잃고 맙니다.

요즘 선(禪)을 한다는 작자들은 그저 큰 선상에 앉아 주미(塵尾)[33]를 휘두르기 위해 우선 여러 스님들이 말한 요점을 모으고 간추려 기억하고, 심지어는 여러 학파들의 잡설까지도 섭렵하여 말밑천을 삼기도 합니다. 이들이야말로 선을 입으로만 하는 사람들입니다. 이렇게 해서는 다른 사람의 속박을 풀어 주기는커녕 끝내는 자신의 진면목을 잃고 나아가 자신의 도안(道眼)마저도 파괴하게 될 것입니다. 이와 같이 잘못 수행하여 놓고도 자기들끼리 서로서로 추종하고 숭상하기도 합니다. 그리하여 마침내 종문의 큰 기대를 저버립니다. 여기 어디에 소위 총림(叢林)을 세우고 결사[法社]를 일으킨다는 이치가 있겠습니까.

세존이 세상에 출현하시고 달마스님이 인도 땅에서 오신 목적을 살펴보면 모두 사람의 속박을 풀어 주려는 것이었습니다. 그럼에도 불구하고 그대는 애초부터 좋고 나쁜 것을 구별하지 못하고 있습니다. 그리하여 본래 맑고 깨끗한 한 조각의 자기 바탕을 망령되게 끝없는 빛깔과 소리로 물들여 결국 발 디딜 틈도 없게 만들었습니다. 부모를 떠나 애정을 끊고 출가해 스승에 의지하여 도를 배우면서도 출가 이전의 번뇌를 씻어버리지 못하고 있습니다. 게다가 쓸데없는 허다한 이론을 거기에 첨가하여 자신의 본심마저 점점 잃어버리는 결과가 되었습니다. 참으로 가여울 뿐입니다.

이 때문에 선배 스승들이 쓴웃음을 금치 못하고 세상에 나와 하나의 기연을 토하고 하나의 명령을 내리신 것입니다. 취모검(吹毛劍)[34]으로 저네들이 애지중지하던 곳을 단칼에 베어버리고, 생사의 명근(命根)[35]을 끊어주려 하였습니다. 이는 진실한 자비심으로 우리들을 불쌍히 여겨 그렇게 하신 것입니다. 어찌 자신들의 사사로운 명예를 위해 가풍을 준엄하게 높여서 후학들의 존경을 받으려고 한 일이겠습니까.

크게 통달한 선배들은 모두가 처음 자기 일을 분명히 밝히지 못했을 때는 산을 넘고 바다를 건너 이리저리 스승을 찾아다니면서 의심을 풀려고 노력했습니다. 홀연히 어려운 화두(話頭)에 부딪쳐서 확실히 깨치지 못하면 마치 따가운 밤송이를 삼킨 듯이 괴로워하기도 했습니다. 그런가 하면 원수를 만난 것처럼 용맹스럽게 정진하기도 했습니다. 고민하고 고민하며 추위와 더위도 모두 견디고 잠자고 먹는 일마저 잊어버렸습니다. 죽는 그 순간까지 한순간도 화두를 놓지 않았고, 다른 사람이 쉽게 풀어줄 것이라고 생각조차 하지 않았습니다. 물론 문자나 언어에서 찾으려는 생각도 없었습니다. 오로지 그 참된 기연[眞機]이 스스로 드러나 의심덩어리가 풀리고 나서야 그만두었습니다. 종문(宗門)이 생긴 뒤부터 소위 깨달았다는 사람치고 이렇게 하지 않은 분은 아무도 없습니다. 그렇기 때문에 하나같이 발꿈치가 은밀하였고, 비록 걸음걸이가 느려 보이나 그 힘은 마치 사자가 여러 동물들을 놀라게 하여 도망치게 하는 것과도 같습니다. 그리하여 각 종문에서는 위와 같은 깨달음을 바탕으로 하여 수행의 방법을 설명하게 된 것입니다."

주
:

1 "知一切法即心自性 成就慧身不由他悟."『대방광불화엄경(大方廣佛華嚴
經)』「범행품(梵行品)」(T10-88c)

2 "是法非思量分別之所能解."『묘법연화경(妙法蓮華經)』「방편품(方便品)」
(T9-7a)

3 "凡所有相 皆是虛妄."『금강반야바라밀경(金剛般若波羅蜜經)』(T8-749a)

4 "是法平等 無有高下."『금강반야바라밀경(金剛般若波羅蜜經)』(T8-751c)

5 "知是空花即無輪轉 亦無身心受彼生死."『원각경(圓覺經)』(T17-913b)

6 "根塵同源 縛脫無二."『능엄경(楞嚴經)』 권5(T19-124b)

7 "知見立知." 이어지는 문장은 "即無明本 知見無見 斯即涅槃."이다.『능
엄경(楞嚴經)』 권5(T19-124b)

8 "依他作解 障自悟門."『선림보훈(禪林寶訓)』 권2(T48-1026a)에 불안(佛眼)
화상의 말씀으로 기록되어 있다.

9 왕상시(王常侍)가 임제스님을 방문하여 "승당의 스님들이 경도 보지 않
고 선도 배우지 않는다면 결국 뭘 하는 겁니까?" 하고 물었다. 임제스님
이 "모두 부처가 되고 조사가 되게 합니다."고 대답하자 왕상시가 "금가
루가 귀한 것이긴 하지만 눈에 들어가면 오히려 티가 되는 건 또 어쩌
시렵니까[金屑雖貴落眼成翳又作麼生]."라고 하였다.『임제록(臨濟錄)』(T47-
503c)

10 신광이 "제 마음이 편안하지 못합니다. 스님께서 편안하게 해주십시
오."라고 하자 달마대사가 말하였다. "마음을 가져오면 편안하게 해주
겠다." 신광이 "마음을 찾아보았지만 끝내 찾을 수 없었습니다."라고 하
자 달마대사가 말하였다. "내가 이미 그대의 마음을 편안하게 해주었노
라."『경덕전등록(景德傳燈錄)』 권3(T51-219b)

11 한 거사가 2조 혜가를 찾아와 물었다. "제자는 풍병이 걸렸습니다. 화
상께서 저의 죄를 참회시켜 주십시오." 혜가가 "죄를 가져오면 참회해

주리라."고 대답하였다. 거사가 한참을 침묵하다 말하였다. "죄를 찾아 보아도 찾을 수 없습니다." 그러자 2조가 말하였다. "내 그대의 죄를 모두 참회시켜 주었으니 불법승에 의지해 살라." 이에 불법에 귀의하자 보배라 여기며 승찬(僧璨)이란 이름을 지어주었다. 『경덕전등록(景德傳燈錄)』권3(T51-220b)

12 당 개원(開元, 713~741) 연간에 마조도일(馬祖道一)이 전법원(傳法院)에 머물며 늘 좌선하고 있었다. 남악회양(南嶽懷讓) 선사가 법기임을 알아차리고 찾아가 물었다. "대덕은 무엇 하러 좌선하는가?" 도일이 "부처가 되려고 합니다."라고 대답하자 회양이 벽돌을 가져와 바위에 갈기 시작했다. 이를 보고 도일이 "무엇 하십니까?"라고 묻자 "벽돌을 갈아 거울을 만들려고 하네."라고 대답했다. 도일이 "벽돌을 간다고 거울이 되겠습니까?"라고 하자 회양이 "좌선을 한다고 부처가 되겠는가?"라고 반문하였다. 이에 옷깃을 가다듬고 "어찌해야 하겠습니까?"라고 묻자 회양이 대답하였다. "사람이 수레를 몰고 가는데, 수레가 가지 않으면 바퀴를 때려야 하는가 소를 때려야 하는가?" 『경덕전등록(景德傳燈錄)』권5(T51-240c)

13 청원행사(靑原行思) 선사가 석두희천(石頭希遷, 700~790)에게 편지를 주며 남악회양 선사에게 전하게 하였다. 그리고 말하였다. "이 글을 전하고는 속히 돌아오라. 나에게 무딘 도끼 하나가 있는데 그대에게 주어 산에서 살게 하겠다." 희천이 회양에게 찾아가 편지를 전하기도 전에 물었다. "여러 성인들을 사모하지 않고 자기의 영혼도 소중히 여기지 않을 때는 어떠합니까?" 회양이 말하였다. "그대의 질문이 너무 도도하다. 왜 아래를 향해 묻지 않는가?" 희천이 말하였다. "차라리 영겁을 생사에서 헤맬지언정 여러 성인들의 해탈을 사모하지 않습니다." 이에 회양선사가 그만두자 희천은 청원에게 돌아왔다. 희천이 돌아오자 청원이 물었다. "그대는 떠난 지 얼마 되지도 않았다. 그래, 글은 전달했는가?" "소식도 전하지 않고 글도 전하지 않았습니다." 청원이 왜 그랬느냐고 묻자 희천이 있었던 일을 자세히 말씀드렸다. 그리고 말했다. "떠날 때 화상께서

선을 묻는 이에게 …

무딘 도끼를 주신다고 하셨는데 지금 주십시오." 그러자 청원대사가 한 발을 쭉 뻗었고, 희천은 절을 하였다. 『경덕전등록(景德傳燈錄)』 권5(T51-240a)

14 오대산(五臺山) 비마암(祕魔巖) 화상은 항상 나무집게를 하나 가지고 있다가 스님들이 찾아와 절할 때마다 곧장 목덜미를 꽉 집고는 말하였다. "어떤 귀신이 너더러 출가하라 하고, 어떤 귀신이 너더러 행각하라 더냐? 말해도 집혀 죽고, 말하지 못해도 집혀 죽으리라. 빨리 말하라." 이에 응대하는 학승이 드물었다고 한다. 『경덕전등록(景德傳燈錄)』 권10(T51-280a)

15 설봉의존(雪峰義存, 821~908) 선사는 학인이 찾아오는 것을 보면 나무 공을 굴려 시험하였다. 설봉스님이 하루는 현사(玄沙)스님이 오는 것을 보고 세 개의 나무 공을 한꺼번에 굴렸다. 현사스님이 바로 패(牌)를 찍는 시늉을 하자 설봉스님이 깊이 인정하였다. 『벽암록(碧巖錄)』 권5(T48-181)

16 덕산선감(德山宣鑑, 782~865) 선사는 학인을 지도할 때 자주 몽둥이로 때리곤 하였다. 그 험준한 가풍을 고래로 덕산방(德山棒)이라 하였다. 『벽암록(碧巖錄)』 권1(T48-143b)

17 임제의현(臨濟義玄, ?~867) 선사는 학인이 문에 들어오면 곧바로 고함을 지르곤 하였다.

18 여덟 글자[八字] : 달마스님 이래로 선종의 표어인 "直指人心見性成佛" 또는 "不立文字敎外別傳"의 여덟 글자를 말한다.

19 기름이 국수에 섞이면 분리해낼 수 없는 것처럼 그 폐해가 심각함을 말한다. 『대혜보각선사어록(大慧普覺禪師語錄)』 권17(T47-881c)에서 "기름이 국수에 섞여 영원히 빼낼 수 없는 것과 같다[如油入麵永取不出]"고 하였다.

20 설봉의존에게 제자 경청도부(鏡淸道怤, 864~937)가 한 말이다. 『불과격절록(佛果擊節錄)』 제75칙 「설봉천사(雪峰天使)」(X67-248c)

21 향상(向上)은 무차별한 평등의 세계, 즉 부처님의 경계를 향해 위로 간

다는 뜻이고, 향하(向下)는 반대로 차별의 세계인 중생계로 향한다는 뜻이다.

22 이치나 도리를 온전히 드러내는 것을 전제(全提)라 하고, 반쯤 제기하는 것을 반제(半提)라 한다.

23 시원이 되는 가르침을 흔히 최초일구(最初一句)라 하고, 최후의 궁극적 가르침을 말후구(末後句)라 한다.

24 정면으로 문제를 제기하는 것을 정안(正按)이라 하고, 시험 삼아 건드려 보는 것을 방고(旁敲)라 한다.

25 스승이 제자의 소질과 역량 등을 관찰하는 것을 조(照)라 하고, 수행자의 역량과 태도에 맞추어 교시하는 스승의 말과 행동을 용(用)이라 한다. 임제의현 스님이 지도하는 방편에 4조용(四照用)이 있다.

26 주(主)는 주인 입장이 되는 스승을, 빈(賓)은 손님 입장이 되는 학인을 말한다.

27 갖가지 이론을 펼치도록 허용하는 것을 종(縱), 상대의 주장을 몽땅 부정하여 어떤 의논도 허용치 않는 것을 탈(奪)이라 한다.

28 참된 이치를 체득하지 못하고 이론에 침잠하는 것을 사(死), 이치를 체득하여 자유자재한 것을 활(活)이라 한다.

29 각주구검(刻舟求劍) : 초나라 사람이 배를 타고 강을 건너다 실수로 칼을 물에 빠트리자 곧바로 뱃전에 표시를 하였다. 그리고는 배가 나루에 닿자 표를 해놓은 뱃전 밑에서 잃어버린 칼을 찾아 헤맸다고 한다.『여씨춘추(呂氏春秋)』

30 개략적인 것을 추(麤), 세밀한 것을 세(細)라 한다.

31 실상을 언설로 바로 드러내는 것을 현(顯), 그 뜻을 비밀스럽게 전하는 것을 밀(密)이라 한다.

32 자세히 설명하는 것을 광(廣), 간략히 요약해 일러주는 것을 약(略)이라 한다.

33 주미(塵尾) : 법상에 올라 설법하는 이들이 상징적으로 들고 있는 불자(拂子)를 말한다. 큰 사슴의 꼬리털로 만든다.

34 취모검(吹毛劍) : 머리카락을 불면 잘릴 만큼 날이 날카로운 명검을 말
한다. 금강왕보검(金剛王寶劍)과 마찬가지로 뛰어난 지혜를 비유할 때
사용하는 말이다.

35 명근(命根) : 불상응행법(不相應行法)의 하나로서 구사종(俱舍宗)에서는
수명(壽命)이라 한다. 명(命)은 활(活), 수(壽)는 기한의 뜻으로 수명·목
숨을 의미하며 또 '내가 살고 있다'고 여기는 근본아집을 말한다. 『구사
론』에서는 중생이 일정 기간 생존하는 것은 수명이라는 것이 있어서 난
(煖; 체온)과 식(識; 정신)을 유지하기 때문이라고 설명한다.

05

○

영명스님은 왜 여러 가지
수행을 말했습니까?

●

어떤 이가 물었다.

"영명스님[1]은 『종경록(宗鏡錄)』 100권을 저술하면서 대승경론을
광대하게 인용하여 우리 달마스님이 바로 가리키신 선[直指之禪]에
배대하였습니다. 비록 그 뜻은 훌륭하다고 하겠지만, 어쩌면 언어
에 의존하여 연구하고 의리(義理)를 해석했다는 비난을 면치 못할
것 같습니다."

내가 대답했다.

"그렇지 않습니다. 달마스님이 인도 땅에서 중국으로 온 뒤 바로
가리키는 가르침[直指之道]이 여섯 번 전수되어 6조 혜능스님에게
이르렀습니다. 또 6조스님으로부터 아홉 번 전수되어 법안스님[2]에
게 이르렀고, 법안스님으로부터 또 2대(代)가 흘러 영명스님에게 전

수되었습니다. 그 사이에 훌륭한 행적과 자취를 보여주신 위대한 분들이 계속 배출되어 고금을 밝게 비추었으나 3장을 배우는 사람들과 이 도에 대해 논쟁하지 않을 수 없었습니다. 그래서 영명스님이 다생에 익힌 지혜와 말솜씨를 펴서 경전을 망라하여 변론해 놓은 것이 바로 『종경록』입니다. 『종경록』은 어느 모로 보더라도 그 전개가 자유자재하고, 어느 부분을 보더라도 도의 근원을 만날 수 있습니다. 이것이야말로 바로 문자를 사용하여 도를 밝혀 놓은 총지문(總持門)³인 것입니다. 바로 이 점 때문에 3장(三藏)을 연구하는 교종의 학자들이 달마스님과 그 제자들을 불제자가 아니라고 비난하지 못하게 되었습니다.

『종경록』과 명교스님⁴이 저술한 『보교편(補敎編)』의 두 책은 수백 명의 사상을 정교하게 검토하고 그 밖의 서적들을 널리 연구해서 만든 것입니다. 때문에 이 두 책은 부처님의 진실한 자비를 선양하고 유학자(儒學者)들의 계속되는 질투를 막는 역할을 했습니다. 이 두 책이야말로 부처님과 조사스님들을 호위하는 성벽에 해당합니다. 혹자들이 이 책을 보고 말 구절이나 따지고 의리 따위나 해석했다는 꼬투리를 잡는다면, 그것은 말도 안 되는 소리입니다. 정말로 두 스님의 진실한 정성과 깊고 깊은 이해가 없었다면 그와 비슷하게 흉내 낼 수도 없었을 것입니다.”

어떤 이가 말하였다.

“영명스님께서는 또 『만선동귀집(萬善同歸集)』을 저술했는데, 그 내용이 『종경록』의 학설과는 서로 주장하는 바가 다릅니다. 한 사람이 저술한 책인데도 서로 모순점이 있는 이유는 무엇입니까?"

내가 대답했다.

"마음은 모든 선(善)의 근본입니다. 『종경록』에서는 여러 선(善)을 모아 한 마음으로 귀결시켰고, 『만선동귀집』에서는 한 마음을 풀어 여러 선(善)으로 들어가게 했습니다. 그 말고 펴고 벌리고 합친 것이 상통하지 않는 때가 없습니다. 영명스님께서 그렇게 하신 까닭은 아마도 참선한다는 사람들이 깨닫지도 못한 채 만행을 무시하는 태도를 막고, 아울러 선가(禪家)에서는 만행을 두루 통괄하지 않는다는 3장(三藏) 학자들의 비난을 막으려 했던 것입니다. 그러므로 자세하게 설명한 것이지 함부로 그런 것은 아닙니다. 고금을 통해 수많은 스승들이 있었지만 영명스님 말고 누가 또 그렇게 할 수 있겠습니까."

어떤 이가 말하였다.

"선가(禪家)에서도 여러 가지 수행법을 닦지 않을 수 없다고 가르칩니까?"

내가 대답하였다.

"달마스님 문하에서는 자기의 마음을 깨달아 밝히는 것을 으뜸으로 여길 뿐입니다. 이 마음이 밝혀지기만 하면 갖가지 수행을 한다느니 하지 않는다느니 하는 것을 따질 것도 없습니다. 혹 수행을 하는 경우가 있더라도 수행하는 주체와 수행의 대상에 전혀 얽매이지 않습니다. 반대로 수행하지 않는다 하더라도 정(情)에 휘둘려 바른 생각을 잊어버리는 등의 어리석은 짓은 하지 않습니다. 이 마음의 정체를 확연히 알지 못하면 수행을 하고 안 하고가 똑같이 허망한 이름뿐입니다. 참선하는 납자들은 마음 밝히는 일을 무엇보다 으뜸으로 삼아야 합니다. 만행은 그런 뒤에 해도 됩니다."

주
:

1 영명스님 : 영명연수(永明延壽, 904~975) 선사는 속성이 왕(王) 씨이고 자
(字)는 중현(仲玄)이며 호(號)는 포일자(抱一子)로 절강성 여항(餘杭) 사
람이다. 청량문익(淸凉文益) 선사의 제자인 천태덕소(天台德韶) 선사에
게 인가를 받고 명주(明州) 설두산(雪竇山) 자성사(資聖寺), 항주(杭州) 영
은사(靈隱寺), 영명사(永明寺) 등지에서 법안(法眼)의 종풍을 선양하였다.
개보(開寶) 8년 세수 72세로 입적하니, 시호(諡號)는 지각선사(智覺禪師)
이다. 저서로 『종경록(宗鏡錄)』·『만선동귀집(萬善同歸集)』·『유심결(唯心
訣)』·『심부주(心賦注)』·『정혜상자가(定慧相資歌)』·『신서안양부(神栖安養
賦)』 등이 있다.

2 법안스님 : 법안문익(法眼文益, 885~958) 선사는 여항(餘杭) 사람으로 7
세에 전위(全偉)에게서 승려가 되었다. 뒤에 장경혜릉(長慶慧稜)을 참례
하고, 다시 나한계침(羅漢桂琛)을 참방하여 그의 법을 받았다. 임천주
(臨川州)의 숭수원(崇壽院)에서 지내다 남당주(南唐主) 서경(徐璟)의 청으
로 금릉(金陵)의 보은선원(報恩禪院)에 들어갔고, 청량사(淸凉寺)에서 지
내며 종풍을 크게 선양하여 가문을 이루었다. 그의 문풍을 법안종이라
한다.

3 총지문(總持門) : 총지(總持)는 다라니(陀羅尼)의 의역이다. 한량없는 진리
를 포섭해 그 뜻을 지니며 잃어지지 않는다는 의미이다. 여기에서는 『종
경록』이 다라니처럼 부처님께서 설파하신 모든 뜻을 포함해 잃지 않는
다는 의미로 사용하였다.

4 명교스님 : 명교계숭(明敎契嵩, 1007~1072) 선사는 운문종(雲門宗) 스님
으로 동산효총(洞山曉聰) 선사의 법을 이었으며, 불일산(佛日山) 정혜원
(定慧院)에 오래 주석하였다. 일찍이 『원교론(原敎論)』을 지어 유불(儒佛)
이 일관(一貫)하다는 뜻을 밝혀 한퇴지(韓退之)의 배불(排佛)을 반박하였
으며, 『보교편(輔敎篇)』을 지어 선종을 이론적으로 보완하였고, 『선종정

조도(禪宗定祖圖)』·『전법정종기(傳法正宗記)』·『전법정종론』을 지어 선종
28조가 별전(別傳)한 계통을 판정하였다. 인종(仁宗)의 명으로 그 저술
이 장경에 편입되었으며 명교대사(明敎大師)란 호를 받았다. 그 밖에 저
서로『심진문집(鐔津文集)』·『치평집(治平集)』이 있다.

06

○

선종에도 깨달음의
단계가 있습니까?

●

어떤 이가 물었다.

"『화엄경』에서 말하는 10지(十地)¹의 단계와 선(禪)은 어떤 관계입니까?"

내가 대답했다.

"듣기로는 10지의 단계에 올라가야 신통을 부리고, 성인도 도달한 단계에 따라 이름을 불린다고 합니다. 그러므로 옛사람은 말씀하시기를, '10지(十地)도 허공을 나는 새의 발자취와 같아 본래 공하다'²고 했습니다. 모든 대승보살이 10지의 단계를 거치지 않은 이가 없습니다. 그렇다고 그것만 굳게 집착해서는 안 됩니다.

달마스님은 오직 견성(見性)이 성불(成佛)이라고 말했을 뿐 그 밖의 인과나 지위, 닦는 사람과 받는 국토에 대해서는 모두 생략하고 말을 하지 않았습니다. 왜냐하면 달마스님의 선(禪)은 모든 부처님들의 심종(心宗)이기 때문입니다. 이것은 오로지 '원돈상승(圓頓上乘)'의 근기[3]를 위해 하신 말씀입니다. 그러므로 성불에 대해 설법한다면 이미 바른 가르침이 될 수 없습니다. 왜냐하면 정법안장(正法眼藏)[4]으로 수많은 중생들을 관찰하면 모두가 본래 깨달은 존재이기 때문입니다. 그러니 어찌 견성(見性)하고 난 다음에 성불하는 것이겠습니까? 부처란 것도 이룰 것이 없는데 무슨 10지를 다시 논하겠습니까."

주
:

1 10지(十地) : 보살의 수행 계위 52위 중 제41위부터 제50위까지인 환희
   지(歡喜地) · 이구지(離垢地) · 발광지(發光地) · 염혜지(焰慧地) · 난승지(難勝
   地) · 현전지(現前智) · 원행지(遠行智) · 부동지(不動地) · 선혜지(善慧地) · 법
   운지(法雲地)를 말한다. 이 10위는 불지(佛智)를 생성(生成)하고, 머물러
   움직이지 않게 하며, 온갖 중생을 짊어지고 이롭게 하는 것이 마치 대
   지(大地)가 만물을 싣고 이를 윤택하고 이롭게 함과 같으므로 지(地)라
   한다.

2 옛사람은 현수법장(賢首法藏) 대사를 지칭한 것으로 추정된다. 『화엄경
   탐현기(華嚴經探玄記)』권10(T35-297c)에서 "그저 새의 열 걸음에 의거해
   열 개의 족적이 있다고 말할 뿐 실제로 열 개의 족적에 차이는 없다. 이
   처럼 말에 의거해 10지를 나누지만 실제로 지(地)에는 다른 차별상이
   없다. 따라서 10지는 마치 허공을 나는 새의 열 개의 족적과 같다.[但約
   鳥行十步說有十跡 實無十跡之異 約言分十地 實無地異相 是故十地如空中十跡]"
   고 하였다.

3 원돈상승(圓頓上乘)의 근기 : 원돈은 원교(圓敎)와 돈교(頓敎)의 줄임말
   이다. 원교와 돈교를 받아들일 수 있는 최상승(最上乘) 근기를 말한다.

4 정법안장(正法眼藏) : 모든 이들에게 본래 갖춰져 있는 청정한 법안(法
   眼)을 말한다. 선종에서는 이로써 교외별전(敎外別傳)의 심인(心印)을 삼
   는다.

선을 묻는 이에게 …

07

○

언어나 문자로도
견성을 할 수 있습니까?

●

어떤 이가 물었다.

"옛사람이 말하기를 '무명의 거친 풀을 헤치고 조사의 가풍을 우러르는 까닭은 오직 견성하기 위해서이다'¹라고 했습니다. 또 부대사²도 '다만 말과 소리일 뿐이다'³라고 했습니다. 그런데 이것 말고 따로 견성하는 이치가 있습니까? 만약 없다면 납자(衲子)들은 어떻게 해야 합니까?"

내가 대답했다.

"가령 단편적으로 견성(見性)을 말한다면 옛사람들이 깨달은 오묘한 이치를 두루 설명하여 처음부터 온통 다 외우고 지나간다 해도 무방하겠지만 설명하면 할수록 멀어지는 것을 어쩌겠습니까? 대체로 견성의 이치는 말로 표현할 수 없고 생각으로 알 수도 없으며, 분별할 수도 없고 취하거나 버릴 수도 없습니다. 그러나 그것은 떠들썩하게 작용을 일으키고 움직였다하면 그대로 참입니다. 그대가 한 털끝만큼이라도 알음알이를 가진다면 본체를 마주하더라도 계합할 수 없습니다. 요즘 눈 있고 귀 있는 자들 치고 견성을 말하지 않는 자가 누가 있습니까? 그들은 다른 사람들에게 견성에 대해 질문을 받으면 '그것 아닌 것이 없다'고 대답합니다. 그러고는 교학에서 말하는 '모든 법은 마음에서 나온 것이다'⁴라는 말을 억지로 끌어들여 자기주장의 근거로 삼으면 그대는 좋은 가르침이라고 생각합니다.

말을 하려면 바로 해야 하고 근거를 대려면 분명히 대야 합니다. 단지 그런 것과 생각생각 상응하려 든다면 이루 말할 수 없이 멀어지고 말 것입니다. 왜냐하면 명근(命根)이 끊어지고 주체와 객체가 없어진 자리에서 바탕을 보고 깨달은 것이 아니라 다만 5음(五陰)⁵·6식(六識)⁶에 의지해 통했기 때문입니다. 그저 말로 할 때에는 견성한 듯하지만 정확하게 말해 보면 미혹한 것이 아닐 수 없습니다. 다시는 그대의 무명이 몰래 일어나고 사망(邪妄)이 멋대로 발생하는 대로 지껄이지 마십시오. 말할 때 엄연히 두 개의 본성이 있는 듯하니 생각생각 상응하기를 기대하나 그것이 될 일이겠습니까? 꼭 알아두어야 합니다. 견성한 사람에게는 오히려 상응하는 도리를 말하는 것조차 인정되지 않습니다. 하물며 상응하지 않는 것이겠습니까.

꼭 알아야 합니다. 이처럼 잘못된 견해를 가진 사람에게는 두 가지 허물과 착오가 있습니다. 첫째는 스스로 발심하여 도를 배울 때 언어나 문자로써 도를 통하려 했기 때문입니다. 이것은 애초부터 결단코 생사대사(生死大事)를 확실히 밝히겠다는 생각이 없었던 것입니다. 둘째는 스승이 잘못되어 제자의 발심이 옳은지 그른지를 고려하지 않고, 천부적으로 타고난 재주가 약간 있는 것만 보고서 교묘한 방편만 가르칠 뿐, 결코 공부를 하면서 정념(正念)을 지키도록 기다려 주지 못한 점입니다. 이는 그저 한결같이 '마음이 그대로 부처다[卽心是佛]', '물질 그 자체에서 마음을 밝힌다[卽色明心]'는 등의 그럴듯한 화두로 스승과 제자가 서로서로 속고 속이는 것입니다. 스승은 자기가 체험한 경지로 이끌어 제자가 언어나 문자로 이해하기를 바라고만 있습니다.

요즘 선림(禪林)에서는 서로에게 익숙한 대로 하는 것이 풍조가 되고 있으니, 정말로 그들이 무엇을 도모하는지 모르겠습니다. 2천년 전 부처님께서는 『원각경』이나 『능엄경』에서 이들의 잘못된 견해를 꾸짖고 나무라셨습니다. 아마도 성인께서는 말세의 중생들에게 이런 허망한 훈습이 있으리라는 것을 미리 아셨던 것입니다. 그래서 그처럼 문답을 자세하게 베풀어 그들 자신의 잘못을 알고 스스로 고치도록 한 것입니다. 그런데 생사대사(生死大事)를 자기 중책으로 삼지 않고, 언어문자에 힘쓰는 것으로 스스로 깨달았다고 여기는 데야 어쩌겠습니까? 그러다가 홀연히 바른 안목을 가진 수행자가 나타나 그것이 잘못됐다고 손을 저어 나무라기라도 하면, 마음속에 갖가지 의심의 물결이 출렁거리게 됩니다. 나아가 문득 꾸짖고 배척하면 화가 나서 어쩔 줄을 모릅니다.

당신이 정말로 이 일과 단 한 번에 상응하고자 한다면 무엇보다도 눈으로 보고 귀로 들었던 언어나 문자를 싹 쓸어버려야 합니다. 만약 털끝만큼이라도 그런 것들이 마음속에 응어리져 있으면 이야말로 지독한 독이 심장에 들어간 것과 마찬가지입니다. 이렇게 되면 설사 부처님이라도 구제하기 어렵습니다.

대체로 참선하는 납자(衲子)가 이렇게 잘못된 것은 스승에 의해 일시적으로 새둥지[草窠 : 형식화된 언어] 속으로 끌려들어간 점도 있고, 한편으로는 스스로가 언어나 문자로써 알음알이를 소중하게 여겼기 때문이기도 합니다. 당신이 정말로 생사의 기슭에서 주인공이 되고자 한다면 설사 석가와 미륵부처님께서 선도(禪道)와 불법(佛法)을 직접 당신의 허파와 간장에 부어 준다 하더라도 남에게서 얻을 수 없는 그 일구자(一句子)[7]를 붙잡고 비추어 보아야 합니다. 그러면 자연히 속이 매스꺼워 토해내고 말 것입니다. 당신인들 어찌 그 나쁜 독을 받아들이기를 원했겠습니까? 바른 견해가 없어 눈 뜨고도 잘못된 스승에게 꼬여 넘어갔던 것입니다.

당신이 정말 선(禪)을 알음알이로 이해하려고 한다면 무심코 던지는 한 토막의 비유도 이해하지 못할 것입니다. 이런 상황에서 당신이 1,700공안을 일시에 뚫어버릴 수 있도록 해주는 것이 뭐 그리 어려운 일이겠습니까? 그러나 그것은 아무런 소용도 없을뿐더러 차라리 일생동안 선에 대한 이해가 없었던 것만도 못합니다. 이런 내용을 당신이 이해한다면 향엄(香嚴)스님께서 지난날 위산(潙山)스님의 문하생으로 있다가 말문이 막혀, 남양 땅에 있는 암자로 피해 가 고생했을 필요가 없었다는 것을 알 것입니다.[8] 또한 아난이 능엄(楞嚴)회상에서 슬피 우느라 애쓰지 않아도 됐으리란 것을 알 수 있습니다. 그대는 상대의 말을 이해했다고 해서 그것이 진정 깨달은 것이라고 말하면 안 된다는 점을 알아야 합니다. 가령 깨달은 내용을 정확하게 인용해 주장하더라도 이는 벌써 걸맞지 않은 것입니다. 하물며 사량분별[心意識]로 그럴듯한 언어나 문자를 매개로 하여 허망하게도 눈앞에 나타난 소소영영(昭昭靈靈)한 허깨비를 주인공이라고 잘못 알고 보배처럼 아끼며 가슴에 새겨두는 것이겠습니까. 이는 실로 미혹한 사람 중에서도 가장 미혹한 사람이라 하겠습니다. 이것을 오래도록 고치지 않으면 훗날에는 반야(般若)를 잘못 말했다는 과보를 받을 것이며, 가까이는 죽는 마당에 후회한들 무슨 소용이 있겠습니까?

옛날 혜충국사(慧忠國師)[9]께서 말씀하셨습니다.

'요즘 남방의 불법이 크게 변해버렸다. 그들은 4대(四大)[10]로 구성된 몸속에 신령한 성품이 들어 있어 불생불멸한다고들 한다. 또 이 4대가 파괴되더라도 성품은 파괴되지 않는다고들 한다. 그러나 이러한 그들의 견해는 인도의 외도(外道)들과 같은 것이다.'[11]

또 장사(長沙)스님 같은 분은 '도를 배우는 사람들이 진실을 식별하지 못하고 그저 옛사람들이 말해 놓은 신령한 말만 좇는다'[12]고 했습니다. 이것은 요즘 수행자들이 6진(六塵)을 반연하여 일어나는 그림자를 자기의 참마음이라고 잘못 인식하는 풍조를 지적한 것입니다. 즉 『능엄경』에서 '백천의 큰 바다는 알지 못하고 한 방울의 물거품을 전체 바닷물로 안다'[13]고 한 것과 상통합니다. 또 진여(眞如)를 제대로 알지 못하는 무리들이 '시방세계(十方世界)가 그대로 바로 나[我]이다. 이 성품은 허공을 둘러싸고 온 법계에 두루하며, 고금과 범성(凡聖)을 가릴 것 없이 두루하고 삼라만상에 가득하다'고들 합니다. 그리하여 마침내 옛사람이 '한 줄기 풀을 들면 그것이 장육금신이다'[14]라고 하고, 또 '한 털끝마다 부처님 나라가 나타난다'[15]고 한 등등의 말씀을 인용하여 자기주장의 근거로 삼습니다. 그러나 아무리 음식에 대해서 말하더라도 역시 배는 고픈 것이며, 의복에 대해 말하더라도 추위를 막을 수는 없습니다. 이런 이치를 어찌하겠습니까? 모름지기 깨달음이란 직접 스스로 겪어봐야 합니다. 또한 설사 그대가 직접 깨달았다 하더라도 본색종장(本色宗匠)[16]을 만나서 그대가 깨달았다는 그 자취마저 싹 쓸어버려야 합니다. 그렇게 하지 않으면 이른바 알음알이가 도리어 가시가 되어 심장을 찌르고, 좋은 약을 고집하다가 도리어 병을 얻고 마는 꼴을 면치 못할 것입니다. 그러니 이것이 어찌 언어나 문자로 통할 수 있고 의식으로 도달하여 알 수 있는 것이겠습니까?

한량없이 오랜 세월 이전부터 흘러온 생사의 굴레를 금일에 완전하게 끊어버리고, 또 그대가 끊어버렸다는 사실조차도 단박 잊어버려야 합니다. 그런데 어찌 작은 근기, 천박한 재주로써 헤아릴 수 있겠습니까?

　내가 이렇게 말한다고 정말로 그대의 미혹을 더욱 부채질하려는 것이 아닙니다. 그대가 생사의 굴레에서 헤매는 것이 너무도 애통해 간절한 마음으로 이러는 것일 뿐입니다. 그러나 참선을 그저 말로만 하려는 자들이 얼굴을 돌려 나에게 침을 뱉는다 한들 또 무슨 할 말이 있겠습니까."

주
:

1   홍주(洪州) 도솔종열(兜率從悅) 선사의 말씀이다.『연등회요(聯燈會要)』
     권15(X79-134c)

2   부대사(傳大士, 497~569) : 성은 부(傳), 이름은 흡(翕), 자는 현풍(玄風)이
     다. 인도 스님인 숭두타(嵩頭陀)를 만나 불도에 뜻을 두고 송산의 쌍도
     수(雙檮樹) 사이에 암자를 짓고는 스스로 쌍수림하당래해탈선혜대사
     (雙樹林下當來解脫善慧大士)라 하였다. 낮에는 품을 팔고 밤에는 아내 묘
     광(妙光)과 함께 대법(大法)을 연설하였는데, 이렇게 7년을 하자 사방에
     서 천하의 명승들이 찾아왔다고 전한다. 세상에서는 그를 동양대사(東
     陽大士)·쌍림대사(雙林大士)·오상대사(烏傷大士)라 일컬었다.

3   "只遮語聲是." 부대사 게송의 일부이다. 이 게송은 여러 전적에서 소개
     되고 있는데 각각 약간의 차이가 있다.『인천안목(人天眼目)』에는 "夜夜
     抱佛眠 朝朝還共起 起坐鎭相隨 語默同居止 分毫不相離 如身影相似
     欲識佛去處 只遮語聲是"(X67-560b)로 되어 있고,『명각선사어록(明覺禪
     師語錄)』에는 "夜夜抱佛眠 朝朝還共起 起坐鎭相隨 如身影相似 要識佛
     去處 只者語聲是"(T47-671b)로 되어 있으며,『불과격절록(佛果擊節錄)』에
     는 "夜夜抱佛眠 朝朝還共起 要知佛去處 只這語聲是"(X67-227a)로 소
     개되고 있다. 또『임천노인평창투자청화상송고공곡집(林泉老人評唱投子
     靑和尙頌古空谷集)』에는 "夜夜抱佛眠 朝朝還共起 起坐鎭相隨 語默同居
     止 纖毫不相離 如身影相似 欲識佛去處 只這語聲是"(X67-317c)로 기록
     되어 있다. 마지막 구절의 "只遮"는 대부분의 전적에 "只這," "只者," "只
     底" 등으로 되어 있다. 따라서 원문의 "遮" 자를 강조의 어조사로 이해
     하여 '다만 말과 소리일 뿐이다'로 해석하였다.

4   "諸法所生唯心所現."『능엄경(楞嚴經)』권1(T19-109a)

5   5음(五陰) : 중생을 구성하고 있는 다섯 가지 요소인 색(色)·수(受)·상
     (想)·행(行)·식(識)을 말한다. 5온(五蘊)·5취온(取蘊)·5중(衆)·5취(聚)라

고도 한다.

6   6식(六識) : 인식 기관과 인식 대상에 따라 인식의 내용을 안식(眼識) ·
이식(耳識) · 비식(鼻識) · 설식(舌識) · 신식(身識) · 의식(意識)으로 분류한 것
이다.

7   일구자(一句子) : 일구(一句)는 원래 한마디 말이라는 뜻이지만 선문에서
는 불법의 근본 뜻을 단적으로 표현한 말을 가리킨다. 자(子)는 조사다.

8   향엄지한(香嚴智閑)은 백장회해(百丈懷海) 선사께서 열반하시자 위산영
우(潙山靈祐, 771~853) 선사를 찾아가 참학하였다. 부모에게서 태어나기
이전의 면목에 대해 영특한 지한이 온갖 이론으로 변론하였지만 위산
이 인정하지를 않자, 지한은 스스로 실망하고 남양혜충 국사의 탑묘로
찾아가 인근에 초막을 짓고 살았다. 그러던 어느 날 마당을 쓸다 기왓
장조각이 대나무에 부딪치는 소리에 크게 깨달은 지한은 다시 영우선
사를 찾아갔고, 이후 향엄산에 주석하며 종풍을 크게 선양하였다.

9   혜충국사(慧忠國師) : 육조혜능(六祖慧能)의 법을 이은 남양혜충(南陽慧
忠, ?~775) 선사를 말한다. 당자곡에 들어가 40여 년을 은거했으며 후에
세상에 나와 현종 · 숙종 · 대종의 3대 임금으로부터 두터운 신망을 받았
다. 시호는 대증선사(大證禪師)이다.

10   4대(四大) : 물질적 구성요소인 지(地) · 수(水) · 화(火) · 풍(風)을 말한다.

11   인용한 문장과 일치하는 전적을 찾을 수 없다. 내용을 요약해 인용한
것으로 추측된다. 『경덕전등록(景德傳燈錄)』에 비슷한 내용이 수록되어
있다. "국사께서 말씀하셨다. '내 이곳에서의 불성은 전혀 생멸하지 않
건만 그대 남방의 불성은 반쯤은 생멸하고 반쯤은 생멸하지 않는구나.'
학인이 물었다. '어떻게 구별됩니까?' 국사께서 말씀하셨다. '여기에서
는 몸과 마음이 한결같아 마음 밖에 어떤 것도 없으므로 전혀 생멸하
지 않는다. 그러나 그대 남방에서는 몸은 무상하지만 정신은 영원하다
고 본다. 그러니 반쯤은 생멸하고 반쯤은 생멸하지 않는다고 말한 것이
다.······[師曰 我此間佛性全不生滅 汝南方佛性半生半滅半不生滅 曰如何區別 師曰
此則身心一如心外無餘 所以全不生滅 汝南方身是無常神性是常 所以半生半滅半不

生滅……]"『경덕전등록(景德傳燈錄)』권28(T51-438)

12 남전보원(南泉普願) 선사의 법을 이은 장사경잠(長沙景岑, ?~868) 선사가
    읊은 게송의 일부이다. 전구를 소개하면 다음과 같다. "學道之人不識眞
    只爲從來認識神 無始劫來生死本 癡人喚作本來身"『경덕전등록(景德傳
    燈錄)』권10(T51-274b)

13 "棄却百千大海認一漚爲全潮."『능엄경』의 문장을 그대로 인용한 것은
    아니고 내용을 취하여 인용하였다.『능엄경』에는 "譬如澄淸百千大海
    棄之唯認一浮漚體 目爲全潮窮盡瀛渤"로 되어 있다.『능엄경』권2(T19-
    110c)

14 조주종심(趙州從諗, 778~897) 선사가 관음원(觀音院) 상당법문에서 하신
    말씀의 일부다. "밝은 구슬이 손바닥에 있는 것과 같아 오랑캐가 오면
    오랑캐가 나타나고 중국 사람이 오면 중국 사람이 나타난다. 노승은 한
    줄기 풀을 장육금신으로 사용하고 장육금신을 한 줄기 풀로도 사용한
    다.[如明珠在掌 胡來胡現漢來漢現 老僧把一枝草爲丈六金身用 把丈六金身爲一枝
    草用]"『경덕전등록(景德傳燈錄)』권10(T51-277a)

15 "一毛端上現寶王刹."『능엄경』권4(T19-120c) "於一毛端現寶王刹"에서
    인용한 것으로 추정된다.

16 본색종장(本色宗匠) : 본연의 모습을 드러낸 견성(見性)한 도인을 일컫는
    말이다.

08

○

염불이 참선보다
더 효과적입니까?

●

서귀자(西歸子)라는 이가 문을 지나다가 말했다.

"나는 아미타불을 염송하여 정토(淨土)에 태어나길 바랍니다. 생사에서 확실하게 벗어나는 길은 참선하는 것보다 아미타불 염송이 쉬운 듯합니다. 멀리 계시는 아미타부처님께서 그윽하게 가피를 주시기 때문입니다. 그러나 당신네들이 하는 참선은 잡을 것도 없고 성스러운 힘의 가피를 받을 수도 없습니다. 실로 아주 근기가 빼어난 사람들로서 한 번 듣기만 하면 수천 가지를 깨닫는 정도의 재주가 아니고는 참선의 본래면목에 들어가기가 어렵습니다. 그래서 영명선사께서도 '참선하는 사람 열 명 중에 아홉 명은 잘못된 길을 걷고 있다'[1]고 걱정하지 않았습니까?"

"쯧쯧! 이 무슨 말씀입니까? 그렇다면 극락정토 밖에 따로 참선이 있단 말입니까? 설사 정말로 있다 한다면 불(佛)과 법(法)이 서로 모순됩니다. 그래서야 어찌 불법으로 원용한 이치에 들어갈 수 있겠습니까? 그대는 상황 따라 쓰는 방편을 잘 모르고 자신의 견해에 국한되어 선철(先哲)을 속이고 비방하는 격입니다.

실로 영명스님께서 참선과 정토를 짝지어 4구게(四句偈)를 만드신 까닭은 듣는 이의 근기에 알맞게 특별히 방편을 써서 강조한 것일 뿐입니다. 대체로 교학에서 '원래는 1승의 길뿐이지만 방편으로 분별하여 3승을 설한다'[2]고 한 뜻과도 같습니다. 장로(長蘆)[3]·북간(北磵)[4]·진헐(眞歇)[5]·천목(天目)[6] 등 여러 스님들이 저술하신 정토에 관한 게송도 모두 말로써 풀어놓은 즉심자성(卽心自性)의 참선입니다. 애초부터 별다른 도리가 있어서 그랬던 것은 아닙니다.

또 동도(東都)의 희법사(曦法師)라는 이가 선정(禪定) 속에서 연꽃을 보았는데 그 연꽃에 원조 본(圓照本)선사[7] 이름이 쓰여 있었다고 합니다. 그는 '달마스님의 선법을 정통으로 이은 원조스님의 이름이 어떻게 연꽃에 새겨지게 되었을까' 의심스러워 일부러 찾아가 그 까닭을 질문하였답니다. 그러자 원조스님께서는 '내 비록 선문(禪門)에 있으나 정토신앙을 겸해 수행하였다'고 말씀하셨습니다.[8]

그 당시 원조스님께서는 찾아와 질문하는 사람들을 갖가지 방편으로 지도한 것이지, 어찌 정말로 그랬던 것이겠습니까? 미혹한 사람들이 방편으로 그런 줄을 모르고 제멋대로 '참선 말고 따로 귀의할 정토가 있다'고 우기는 것입니다.

선을 묻는 이에게 …

나아가 영명스님의 「정토4구게(淨土四句偈)」를 변명의 구실로 삼기도 하는데 이것 역시 잘못이 아니겠습니까."

손님이 자리를 고쳐 앉으면서 말했다.

"구별해서 설명해 주십시오."

내가 말했다.

"정토도 마음이며 참선도 또한 마음으로서 본체는 하나이지만 이름을 서로 달리했을 뿐입니다. 어리석은 사람은 명칭에 집착하여 본체에 미혹하고, 반면에 깨달은 사람은 본체를 알고 그렇기 때문에 이름까지 회통합니다. 어찌 정토만 그렇겠습니까. 교학에서 '일체 모든 법이 마음에 상주한 자성임을 알아야 한다'[9]고 하고 '삼라만상이 한 법에서 나왔다'[10]고 한 것이 모두 그렇습니다. 자기 마음속 선(禪)을 깨닫기만 하면 삼계의 만법이 신령한 근원에 섞여 들어가게 됩니다. 그렇게 되면 무엇이든지 완전하고 진실해 전혀 간택할 것이 없습니다. 이미 동쪽이니 서쪽이니 하는 구별도 있을 수 없는데, 어찌 정토(淨土)니 예토(穢土)니 하는 구별이 있을 수 있겠습니까?

십만억토를 한걸음에 다가가고 보석 연못과 황금 땅으로 온 우주를 그득히 채우기도 하며, 나아가 한 찰나에 영원한 세월을 맛보기도 하고 비췻빛 대나무와 노란 국화가 동시에 삼매[正受]에 들기도 할 것입니다. 큰 바다와 같은 아미타불의 눈이 또록또록 빛나고, 다섯 개의 수미산 같은 백호광명(白毫光明)이 곳곳에 찬란한 빛을 퍼뜨릴 것입니다. 그리고 늙은 달마는 홀연히 명월주(明月珠)를 잊고, 아미타불도 황금도장을 잃어버릴 것입니다. 선문(禪門)도 군더더기에 불과한 말이며, 정토도 또한 헛된 이름에 불과합니다. 이름이니 본체니 하는 견해가 없어지고 옳으니 그르니 하는 알음알이가 없어지면, 장육금신(丈六金身)과 한 줄기 풀에 무슨 우열이 있겠으며 삼천대천세계와 한 점 티끌에 어찌 크고 작은 차이가 있을 수 있겠습니까. 이것이 바로 한결같이 평등한 법문입니다. 실로 참되고 온몸으로 깨달아 들어가지 않는다면 어찌 해탈할 수가 있겠습니까. 모름지기 참선하는 목적은 생사문제를 투철하게 해결하는 데 있으며, 또한 염불하여 정토에 왕생하기를 바라는 것도 오직 생사문제를 확실히 해결하자는 데 목적이 있습니다. 성인들께서 중생을 교화하신 방법은 수천수만 가지이지만 목적은 오직 한 가지, 생사문제를 해결하려는 것입니다. 그러니 생사의 굴레에서 벗어나려면 한 가지 방편으로 투철하게 들어가야 합니다.

옛사람은 '털끝만큼이라도 알음알이에 얽매이면 3악도에 떨어지고 조금이라도 알음알이가 일어나면 만겁동안 윤회에 빠진다'[11]고 하셨습니다. 그런데 어찌 겸수(兼修)를 논할 수 있겠습니까? 이와 같이 수행하지 않고 참선이 이러니 정토가 저러니 말만 한다면 쓸데없이 생각만 복잡해지고 알음알이만 더욱 일어날 것입니다. 그래서는 끝내 생사문제를 해결하지 못합니다. 바로 그 이유 때문에 차마 내가 지적하지 않을 수 없는 것입니다."

주
:

1 "十人九蹉路." 영명연수 선사의 「참선염불사료간게(参禪念佛四料揀偈)」의
일부인데 네 개의 게송 중 첫 번째 게송의 일부이다. 참고로 첫 번째 게
송을 소개하면 다음과 같다. "有禪無淨土 十人九蹉路 陰境若現前 瞥
爾隨他去" 『정토지귀집(淨土指歸集)』 권상(X61-379b)

2 "於一乘道分別說三." 이 말의 전거는 『묘법연화경』이지만 문장이 정확
히 일치하지는 않는다. 『묘법연화경(妙法蓮華經)』「방편품(方便品)」(T9-
7b)에는 "於一佛乘分別說三"으로 되어 있다.

3 장로(長蘆) : 송나라 때 운문종 스님인 장로종색(長蘆宗賾) 선사를 말한
다. 선사이면서 염불을 권하는 『관념불송(觀念佛頌)』·『권참선인수정토
(勸參禪人修淨土)』·『용서정토문(龍舒淨土文)』 등의 글을 남겼다.

4 북간(北磵) : 대혜(大慧) 문하 3대인 북간거간(北磵居簡, 1164~1246) 선사
를 말한다.

5 진헐(眞歇) : 송나라 때 조동종 스님인 진헐청료(眞歇淸了, 1089~1151) 선
사를 말한다.

6 천목(天目) : 송나라 때 임제종 양기파 스님인 영은숭악(靈隱崇岳,
1132~1202) 선사의 법을 이은 천목문례(天目文禮)선사를 말한다. 『정토
혹문(淨土或問)』(T47-294a)에서 "北磵簡禪師 天目禮禪師 等諸大老 皆是
禪門宗匠 究其密修顯化 發揚淨土之旨"라 하였다. 그가 찬한 게송이
『속전등록(續傳燈錄)』 권25(T51-638c)에 전한다.

7 원조본(圓照本) 선사 : 송나라 때 운문종 스님으로 천의의회(天衣義懷)
선사의 법을 이은 원조종본(圓照宗本, 1020~1099) 선사를 말한다.

8 원조종본 선사의 왕생과 관련된 위 기사는 『인천보감(人天寶鑑)』(X87-
17c)과 『왕생집(往生集)』(T51-136a) 등에 수록되어 있다.

9 "知一切法即心自性." 『대방광불화엄경(大方廣佛華嚴經)』 권17「범행품(梵
行品)」(T10-88c)

10 "森羅及萬象 一法之所印."『화엄경수소연의초(華嚴經隨疏演義鈔)』권
8(T36-60c)과『종경록(宗鏡錄)』권29(T48-583)에서『법구경(法句經)』말
씀으로 소개하고 있다. 게송 전체를 소개하면 "森羅及萬象 一法之所印
一亦不爲一 爲欲破諸數"이다.

11 "毫釐繫念 三途業因 瞥爾情生 萬劫羈鎖."『오가정종찬(五家正宗贊)』
(X78-582b) 등에서 덕산선감(德山宣鑑) 선사의 말씀으로 기록하고 있다.

09

○

왜 5가(五家)로
선풍이 분열됐습니까?

●

어떤 이가 물었다.

"달마스님이 처음 홀로 전한 바로 가리키는 선이 10대(代)를 계속 전승되다가 후에 분파되어 다섯 종파가 된 이유는 무엇입니까? 쪼개질 수 없는 달마 일가(一家)의 말씀이 달라져서 다섯 가지가 된 것입니까? 만일 다르지 않다면 어떻게 한 스승 밑에서 5가(五家)¹로 분리될 수 있었습니까?"

내가 대답했다.

"그대가 말한 5가라는 것은 사람들이 다섯 부류이지 그 도(道)가 다섯 종류는 아닙니다. 그대는 부처님과 조사들이 종지를 전수하는 것을 '등불을 전한다[傳燈]'고 하는 말을 듣지 못했습니까? 정말로 전등의 의미를 알았다면 5가(五家)로 분리된 것을 조금도 의

심하지 않을 것입니다. 세속적인 의미로서의 등불을 알아보기로 합시다. 등불에는 새장처럼 생긴 등[籠燈]도 있고, 잔등(盞燈)도 있고, 유리등(瑠璃燈)도 있고, 밀랍등도 있고, 기름종이 등도 있습니다. 등불이라는 의미에서는 모두 같지만 겉모양은 모두 다르듯이 비록 5가(五家)로 분립하여 겉모양이 서로 같지는 않지만, 그러나 모두가 생사(生死)의 긴 밤을 밝혀 주지 않는 가르침은 없습니다. 어찌 지금의 5가(五家)만 그렇겠습니까.

옛날 달마스님의 한 등불이 네 번 전하여 대의(大醫)스님[2]에 이르러서는 우두종(牛頭宗)[3]이 설립되었고, 달마스님으로부터 다섯 번 전하여 대만(大滿)스님[4]에 이르자 북쪽의 신수(神秀)스님[5]이 한 종파를 설립하였습니다. 그리고 또 달마스님으로부터 여섯 번 전하여 조계(曹溪)[6]에 이르게 되었습니다. 6조 스님 아래로 청원(青原)[7]·남악(南嶽)[8]·하택(荷澤)[9] 등 세 스님은 그 선풍을 구별하지 않을 수 없습니다. 이것은 어쩔 수 없는 것입니다. 이리하여 각 종파로 나뉘어서 이리저리 작은 유파(流派)가 만연해졌을 뿐만 아니라 인물도 번창하였으니, 이는 곧 나뉘지 않으면서도 나눈 것입니다.

요즘 말하는 5가(五家)는 남악(南嶽)·청원(青原) 두 파에서 물줄기가 다섯 분에게로 갈라져 흐른 것입니다. 그리하여 어느덧 소용돌이치는 물이 넘쳐흘러 거대하게 온 세상을 적시듯 각각 서로의 가풍을 드날리게 되었습니다. 그 뒤로 끊임없이 후진들이 배출되어 자기네 가풍을 하늘 끝까지 추켜올리니 드넓기가 끝이 없게 되었습니다. 그러니 이를 어찌 한 눈으로 관찰할 수 있겠습니까? 때문에 부득이 5가로 나누지 않을 수 없게 된 것입니다."

어떤 이가 말하였다.

"분파된 5가의 차이점을 살펴보니 소속된 인원수뿐 아니라 각 파의 종지(宗旨)도 동일하지 않은데 무슨 까닭입니까?"

나는 대답했다.

"다른 것이 아닙니다. 대부분은 같고 약간 다른 점이 있을 뿐입니다. 대부분이 같다는 것은 달마스님이 전한 한 등불[一燈]과 동일하다는 것이고, 약간 다르다는 것은 쓰는 말과 표현하는 방법이 우연히 달라졌다는 것을 말합니다. 예를 들면 위앙종(潙仰宗)[10]의 근엄함과 조동종(曹洞宗)[11]의 자상함과 임제종(臨濟宗)[12]의 통쾌함과 운문종(雲門宗)[13]의 고고함과 법안종(法眼宗)[14]의 간단명료함이 그것입니다. 이런 차이점은 각각 그 종파 인물들의 천성에서 나온 것입니다. 이것은 부자지간은 걸음걸이가 서로 닮은 것과도 비슷합니다. 쓰는 말과 표현하는 방법이 서로 비슷하게 닮은 것은 의도적으로 그렇게 하는 것이 아니라 저절로 서로 닮아간 것입니다.

가령 당시의 종사(宗師)들이 괜히 서로 다른 것만을 숭상하여 사사로이 한 가문의 전승(傳承)을 삼고자 했다면 그것이야말로 크나큰 잘못입니다. 만약 그랬다면 불조(佛祖)께서 세상을 비춘 혜명의 등불을 후세에 전하는 본래의 임무를 어찌 감당할 수 있었겠습니까? 요사이 참선한다는 무리들은 종지(宗旨)에 얽매여 허공을 쪼

개려는 듯한 허망한 견해를 일으켜 서로를 비방하고 있습니다. 이런 꼴을 열반에 드신 5가의 스님들이 본다면 어떻게 하시겠습니까? 분명히 열반의 적정(寂定) 속에서 코를 틀어줄 것임을 내 알겠습니다."

주
:

1 남종선의 다섯 분파인 조동종(曹洞宗)·임제종(臨濟宗)·운문종(雲門宗)·
위앙종(潙仰宗)·법안종(法眼宗)을 말한다.

2 대의(大醫)스님 : 사조도신(四祖道信, 580~651) 선사를 말한다. 시호가 대
의선사(大醫禪師)이다. 중국 선종 제3조 승찬(僧璨)선사의 법을 이어 선
종 제4조가 되었고, 여산(廬山) 대림사(大林寺)와 기주(蘄州) 파두산(破頭
山)에서 크게 교화하였다.

3 우두종(牛頭宗) : 우두법융(牛頭法融, 594~658) 선사는 643년(정관 17) 우
두산(牛頭山) 유서사(幽棲寺) 북쪽 바위 아래 선실에서 좌선하다 도신(道
信)대사를 만나 심요(心要)를 깨쳤다. 도신대사에서 법융으로 이어지는
법계를 우두종(牛頭宗) 또는 우두선(牛頭禪)이라 한다.

4 대만(大滿)스님 : 오조홍인(五祖弘忍, 602~675) 선사를 말한다. 시호가 대
만선사(大滿禪師)이다. 기주(蘄州) 황매현(黃梅縣) 사람으로 4조 도신(道
神)을 만나 그 심인(心印)을 받고, 671년 6조 혜능에게 법을 전하였다.

5 신수(神秀)스님 : 시호는 대통선사(大通禪師, ?~706)이다. 50세에 기주(蘄
州) 쌍봉(雙峰) 동산사(東山寺)에서 5조 홍인선사를 뵙고 제자가 되었다.
홍인의 입멸 뒤 측천무후의 귀의를 받고, 궁중의 내도량(內道場)에 초청
되었다. 남방에서 크게 교화를 편 혜능(慧能)과 구분해 그를 추종하는
선종을 북종(北宗)이라 한다.

6 육조 혜능대사를 지칭한다.

7 청원(靑原) : 청원행사(淸源行思, ?~740) 선사의 속성은 유(劉) 씨며 길주
(吉州) 여릉(廬陵) 사람이다. 어려서 출가하여 육조혜능(六祖慧能)에게 법
을 받고 상수 제자가 되었다. 뒤에 길주의 청원산 정거사에 주석하며
종풍을 크게 선양하고, 당 개원 28년 12월에 입적하였다. 당 희종이 홍
제선자(弘濟禪者)라 시호를 내렸다.

8 남악(南嶽) : 남악회양(南岳懷讓, 677~744) 선사의 속성은 두(杜) 씨며 금

주(金州) 안강(安康) 사람이다. 15세에 형주(荊州) 옥천사의 홍경(弘景)에게 출가하여 율을 배웠다. 뒤에 탄연(坦然)의 권고로 숭산적안(嵩山覿安)을 만났고, 다음에 육조혜능(六祖慧能)을 만나 시자로 15년을 모셨다. 713년 남악 반야사에 들어가 30년을 주석하며 선풍(禪風)을 선양하고, 당 천보 3년에 68세로 입적하였다. 시호는 대혜선사(大慧禪師).

9 하택(荷澤) : 하택신회(荷澤神會, 685~760) 선사는 14세에 출가하여 육조혜능선사를 문하에서 오랫동안 모셨다. 6조 입멸 뒤 조계의 돈지(頓旨)가 침몰되고 숭악(嵩嶽)의 점문(漸門)이 낙양성에 성행하자 서울에 들어가 742년(천보 4) 남북돈점(南北頓漸)의 양종(兩宗)을 정하고 『현종기(顯宗記)』를 지었다. 숙종 상원 1년에 나이 75세로 입적하였다.

10 위앙종(潙仰宗) : 백장회해(百丈懷海)의 법을 이은 위산영우(潙山靈祐, 771~853)를 개조(開祖)로 하고, 그의 제자 앙산혜적(仰山慧寂, 840~916)에 의해 대성한 종파이다. 그러나 명맥이 오래 이어지지 못하고 150여 년 후 송대에 이르러 그 후계가 끊어졌다.

11 조동종(曹洞宗) : 광동의 신풍산(新豊山)과 동산(洞山) 보리원(普利院)에 주석한 동산양개(洞山良价, 807~869) 선사와 그의 제자 조산본적(曹山本寂) 선사의 선풍을 조동종(曹洞宗)이라 하였다.

12 임제종(臨濟宗) : 황벽희운(黃檗希運) 선사의 법을 이은 임제의현(臨濟義玄, ?~867) 선사를 개조로 하는 종파이다. 의현선사는 임제원(臨濟院)에 머물며 종풍을 크게 선양하였으며, 시호는 혜조선사(慧照禪師)이다.

13 운문종(雲門宗) : 설봉의존(雪峰義存)의 법을 잇고 소주(韶州) 운문산 광태원(光泰院)에 주석하며 선풍을 크게 진작한 운문문언(雲門文偃, 864~949) 선사를 추종하는 종파이다.

14 법안종(法眼宗) : 법안문익(法眼文益, 885~958) 선사에 의해 일가를 이룬 종파이다. 문익은 7세에 출가하여 장경혜릉(長慶慧稜)에게 참학하고 후에 나한계침(羅漢桂琛)의 법을 이었다. 법안선사는 임천주(臨川州)의 숭수원(崇壽院)에 주석하다 금릉(金陵)의 보은선원(報恩禪院)으로 자리를 옮겼으며, 다시 청량사(淸凉寺)에 머물며 종풍을 크게 선양하였다.

10

○

공안(公案)의 뜻과
그 기능은 무엇입니까?

●

어떤 이가 물었다.

"부처님과 조사들이 깨닫게 된 계기를 사람들이 공안(公案)이라 부르는 것은 무슨 이유입니까?"

나는 대답했다.

"공안(公案)이란 관청의 문서에 비유한 말입니다. 국가에는 법령이 있어야 혼란을 다스리는 왕도정치가 제대로 계승될 수 있습니다. 공(公)이란 모든 성현이 어김없이 가신 길이자 세상 사람들이 함께 밟아가는 지극한 가르침이며, 안(案)이란 성현들께서 그 도(道)를 수행하는 방법을 기록한 문서입니다.

무릇 천하를 다스리는 자라면 누구든지 관청을 설립하지 않을 수 없고, 관청이 설치되면 자연히 그것을 운영하는 법령이 없을 수 없습니다. 이렇게 하는 이유는 바른 이치를 받아들여 법령을 만들고, 바르지 못한 것들을 박멸하려고 그러는 것입니다. 공안(公案)이 시행되면 바른 법령이 통용되고, 바른 법령이 통용되면 천하의 기강이 바로잡히고, 기강이 바로잡히면 왕도정치가 제대로 되는 것입니다.

부처님과 조사들이 깨우치게 된 계기를 공안(公案)이라 이름 붙인 이유도 역시 위와 같은 뜻에서 그랬습니다. 그러니 이것은 한 사람의 억지 주장이 아니라 신령스런 근원에 딱 들어맞고, 묘지(妙旨)에 계합하여 생사의 굴레를 타파하는 것입니다. 공안은 언어나 문자로 따지는 것을 초월하며, 시방삼세의 수많은 보살과 함께 똑같이 지니고 있는 아주 지극한 도리입니다. 생각이나 이치로 알 수 없고 언어로 전할 수도 없으며, 문자로 설명할 수도 없고 알음알이로 헤아릴 수도 없습니다. 마치 독(毒)을 바른 북을 둥둥 울리면 듣는 이 모두 그 자리에서 죽는 것과 같으며, 큰 불구덩이 속에 갓난 아기가 들어가면 그대로 타죽는 것과도 같습니다. 그러므로 영산(靈山)에서 말한 별전(別傳)[1]이라는 것도 이를 전한 것이며, 달마스님이 말한 바로 가리키는 선도 이것을 두고 하신 말씀입니다.

남종(南宗)과 북종(北宗)이 분리되고 5가로 갈라진 뒤부터 모든 선지식(善知識)들이 누구 가릴 것 없이 부처님의 별전을 간직하고 달마스님이 그대로 지적한 도리를 지니려고 애를 썼습니다. 손님이 부르면 주인이 대답하듯, 소[牛]를 받고 말[馬]을 내주듯 하는 사이에 거칠고 세밀한 언사로 입에서 튀어나오는 대로 다양하게 드러내 주시니, 귀를 막을 틈을 주지 않는 번개와도 같았습니다. 예를 들면 '뜰 앞의 잣나무[庭前栢樹子]',[2] '삼 세 근[麻三斤]',[3] '똥 묻은 막대기[乾屎橛]'[4]와 같은 공안(公案)은 사량분별로는 조금도 알 수 없습니다. 위와 같은 공안에 부딪치면 마치 뚫을 수 없는 은산철벽(銀山鐵壁) 같습니다. 오직 눈 밝은 사람만이 언어나 문자가 끊어진 자리에서 알아차릴 수 있습니다. 한 곡조 부르고 거기에 한 곡조 화답하는 것이 마치 공중을 날아가는 새처럼 자취가 없고, 맑은 물에 비친 달그림자처럼 흔적이 전혀 없습니다. 비록 천 갈래 만 갈래 길로 이리저리 마음대로 사량분별한다 해도 알 수가 없습니다. 멀리는 영취산에서 꽃을 들어 대중에게 보인 일[5]부터 오늘날에 이르기까지, 또 그 밖의 1,700공안만 어찌 그랬겠습니까. 다른 방법이 있을 수 없습니다. 오직 마음을 깨달은 사람이라야 이 공안을 증거로 삼을 수 있을 뿐, 실로 사람들에게 사량분별이나 증진시키고 그저 이야깃거리 밑천이나 삼으려고 공안을 만든 것은 아닙니다.

이른바 장로(長老)란 곧 총림(叢林)이라는 관청의 최고 관리자이며, 『전등록』에 실려 있는 말씀은 선풍을 드날릴 묘안들을 기록한 공문서입니다. 옛사람들이 혹은 제자들을 지도하거나 혹은 대문을 잠그고 수행에 정진하던 여가에 틈틈이 평석하거나[拈] 판단하거나[判] 노래하거나[頌] 다른 논지를 펴거나[別] 한 것들을 모아놓은 책이 바로 『전등록』입니다. 어찌 보고 들어 따지는 죽은 지혜만 증장시키고, 눈 밝은 고승대덕 스님들에게 대들어 실력을 겨루려고 한 말씀이겠습니까. 이렇게 한 이유는 대법(大法)이 장차 피폐해지는 것을 가슴 아프게 생각했기 때문입니다. 그러므로 방편을 자세하게 베풀어 후배들의 지혜의 안목을 열어 주고, 그들로 하여금 모두 본래의 진면목을 깨닫게 하려고 했을 뿐입니다.

공(公)이란 개개인의 주관적인 주장을 개입시키지 않았다는 것이며, 안(案)이란 기필코 불조(佛祖)의 깨달음과 동일하게 만들겠다는 것입니다. 그러므로 공안(公案)이 풀리면 번뇌의 알음알이[情識]가 사라지고, 번뇌의 알음알이가 사라지면 생사의 굴레가 공(空)해지고, 생사의 굴레가 공해지면 불도(佛道)를 이룰 수 있습니다.

위에서 말한 '불조(佛祖)의 깨달음과 동일하게 만들겠다'는 것은, 중생들이 생사의 번뇌 속에서 제 스스로 꽁꽁 묶여 풀려나지 못하는 것을 보고 부처님과 조사들께서 불쌍히 여기시는 상황을 두고 한 말입니다. 따지고 보면 말로 표현할 수 없는 자리이지만 할 수 없이 중생들을 위해 말로 표현한 것이며, 형상으로 드러낼 수 없는 이치이지만 중생들을 가엾이 여겨 형상으로 드러내 미혹의 오랏줄이 풀리기를 기다리신 것입니다. 깨달음의 자리에 어찌 언어나 형상을 들먹거릴 수 있겠습니까.

세상 사람들이 사회생활을 하다가 불공평한 사건이 생기면, 반드시 관청에 공정하게 재판해 줄 것을 요청합니다. 그러면 이조(吏

曹)에서는 공포된 법조문을 근거로 공평하게 재판해 줍니다. 이와 마찬가지로 참선하는 자가 깨달은 부분이 있으나 스스로 확신하지 못하겠으면 스승에게 질문합니다. 그러면 스승은 공안(公案)을 근거로 의심을 풀어줍니다. 공안이란 바로 번뇌망상의 어둠을 밝혀 주는 지혜의 횃불이며, 보고 듣는 것에 얽매인 결박을 끊어주는 날카로운 칼날입니다.

그런가 하면 공안이란 생사의 명근(命根)을 끊어버리는 날카로운 도끼이며, 성인과 범부를 가려내는 신령스러운 거울입니다. 조사들의 본뜻이 공안 때문에 분명하게 밝아지고, 부처님의 마음이 공안 때문에 드러납니다. 번뇌를 말끔히 털어버리고 불조와 동일한 깨달음을 얻는 요점으로 이 공안보다 더 좋은 길잡이는 없습니다. 이른바 공안이란 법을 아는 자만이 두려워한다는 것입니다. 그렇지 못한 사람들은 그 비슷한 것도 넘보지 못합니다.

아, 슬픕니다! 미망에 빠진 인간들은 근본자리를 돌아볼 생각은 하지 못하고, 그저 자신의 총명만을 밑천삼아 널리 배우고 기억해 현수(顯授)든 밀전(密傳)이든 언어문자로 깨달으려 할 뿐 마음으로 깨달으려 들지 않습니다. 그리하여 방(棒)과 할(喝) 등 방편의 채찍으로 몰아댄 마차는 결국 번뇌와 망상이 우거진 숲 속에 처박히고, 용(龍)이나 코끼리처럼 훌륭한 조사스님들의 발자취는 결국 시비의 깊은 구덩이에 빠지게 되었습니다. 사량분별한 결과 좋아하고 싫어하는 욕정이 눈가에 넘치고, 취사선택하는 어리석음이 가슴에 가득하기만 합니다. 옛 스님들이 '제호(醍醐)가 도리어 독약이되다'는 비유가 바로 이것을 두고 한 말이 아니고 무엇이겠습니까. 총림이 무너지는 것은 바로 이 때문입니다.

　슬픕니다! 이것은 마치 법령을 집행하는 이조(吏曹)가 법령을 도둑질하여 사람들의 뇌물을 받아 호의호식하는 꼴과 다를 것이 무엇이겠습니까. 자기의 개인적인 사리사욕에 빠지면 아무리 공명정대하게 하려 해도 될 까닭이 없습니다."

1 영산(靈山)에서 말한 별전(別傳) : 세존께서 영산회상에서 꽃을 들어 대
중에게 보이셨다. 그때 대중이 모두 침묵하였는데 오직 가섭존자만이
얼굴 가득 미소 지었다. 그러자 세존께서 "나의 정법안장열반묘심(正法
眼藏涅槃妙心)과 실상무상미묘법문(實相無相微妙法門)과 불립문자교외별
전(不立文字教外別傳)을 마하가섭에게 부촉한다."라고 말씀하셨다. 『무문
관(無門關)』「세존염화(世尊拈花)」(T48-293c)

2 뜰 앞의 잣나무[庭前柏樹子] : 조주종심 선사에게 어떤 스님이 물었다.
"무엇이 조사께서 서쪽에서 오신 뜻입니까?" 선사께서 말씀하셨다. "뜰
앞의 잣나무니라." 『벽암록(碧巖錄)』 권5(T48-181c)

3 삼 세 근[麻三斤] : 어떤 스님이 동산수초(洞山守初) 선사에게 "무엇이 부
처입니까?"라고 묻자 동산스님이 "삼 세 근"이라 대답했다. 『벽암록(碧巖
錄)』 권2(T48-152c)

4 마른 똥 막대기[乾屎橛] : 임제스님이 법문하는 자리에서 어떤 스님이
불쑥 나와 물었다. "무엇이 무위진인(無位眞人)입니까?" 임제스님이 바로
멱살을 잡고 말했다. "말해라, 말해라." 질문한 스님이 생각에 잠겨 머
뭇거리자 임제스님이 탁 밀치며 말했다. "무위진인이라더니 이 무슨 마
른 똥 막대기인가!" 그리곤 곧 방장실로 돌아갔다. 『벽암록(碧巖錄)』 권
5(T48-171c). 또 운문문언 선사에게 어떤 스님이 물었다. "부처란 무엇
입니까?" 선사께서 말씀하셨다. "마른 똥 막대기다." 『무문관(無門關)』
(T48-295c)

5 영취산에서 꽃을 들어 대중에게 보인 일 : 『무문관(無門關)』「세존염화
(世尊拈花)」(T48-293c)

11

○

공안에 집착하는 것도
어리석은 짓이 아닙니까?

●

어떤 이가 물었다.

"조사의 공안은 본래 참선하는 사람이 의심이 생겨 질문하면 옛사람이 깨달은 마음자리에서 빈 골짜기나 큰북처럼 두들기는 대로 상대에 응한 것입니다. 그러므로 공안이란 다른 사람의 의심덩어리를 풀어 주고 고정된 틀을 깨주는 데 불과한 줄 압니다. 그렇기 때문에 '우리 종문에는 언어나 문구가 없고 사람들에게 줄 한 법도 없다'[1]고 말한 것입니다.

대체로 공안이란 선배들이 다른 사람의 스승이 되어서 마지못해 주고받은 짧은 얘기입니다. 그러다 그것들이 총림에 퍼지고 전해들은 후학들이 이것을 공안이라고 후에 이름을 붙인 것입니다. 원래 공안은 분명히 이런 도리에 바탕을 두었는데 요즘 총림에서 법을 거량하는 모습은 전혀 그렇지 못합니다. 그리하여 '부처가 무엇이냐'고 묻고 '달마스님이 인도 땅에서 중국으로 온 뜻이 무엇이냐'고 물으면 '삼 세 근이다,' '똥 묻은 막대기이다,' '수미산(須彌山)이다,'[2] '망상 피우지 말라[莫妄想]'[3]는 등등으로 대답합니다. 또 이런 대답은 도(道)가 낮은 사람을 인도하는 하나의 방편일 뿐이라 하고는 감파(勘婆)[4]·화타(話墮)[5]·탁발(托鉢)[6]·상수(上樹)[7] 등등이 향상의 길이며 온전히 제기한 것이라 여깁니다.

그런가 하면 후학을 제접하는 방편으로 3현(三玄)[8]을 나열하여 귀결시키기도 하고, 혹은 모든 말씀을 과판(科判)하여 4구(四句)[9]로 만들기도 합니다. 그러다 그 구구절절한 말들을 1,700공안으로 정리하고, 그 각각에 이름을 붙여 서열을 매기기도 합니다. 그러나 저는 잘 모르겠습니다. 위와 같이 하는 것이 본래 눈 밝은 종사들의 본뜻입니까?"

내가 대답했다.

"조사의 말씀은 공적(空寂)하여 인위적으로 꾸민 것이 아닙니다. 손 가는 대로 쓴 것이지 애초부터 사량분별하여 선택해서 쓴 것이 아닙니다. 무릇 모든 것이 달마스님이 그것만을 전한 뜻[單傳之旨]에 근본을 둡니다. 그러므로 말을 하기 시작하면 아주 세밀한 부분까지 보여 주니, 결코 숨기거나 감추는 것이 없습니다.

비유하자면 이렇습니다. 달이 하늘에 떠 있지만 동쪽으로 가는 사람이 바라보면 '달이 나와 함께 동쪽으로 간다' 할 것이고, 서쪽으로 가는 사람이 바라보면 '달이 나와 함께 서쪽으로 간다' 할 것입니다. 그런가 하면 움직이지 않고 가운데 가만히 서 있는 자는 '달이 나와 함께 움직이지 않는구나' 할 것입니다. 이처럼 자기가 빠져 있는 소견으로 서로 동쪽이다, 서쪽이다, 혹은 움직이지 않는다고 달리 말하게 됩니다. 그러나 보름달은 허공에서 진실로 그를 따라 동쪽이나 서쪽으로 돈 적도 없고 그를 의지해 움직이지 않은 적이 없습니다.

이러쿵저러쿵 공안에 대해 서로 다른 말이 생긴 이유는 법(法)의 근원을 확실히 깨치지 못했기 때문입니다. 그래서 그릇 따라 허공의 크기와 모양이 달라진다는 비유도 생긴 것입니다. 깨달은 선배 종사들은 공안을 설명할 때 혹은 생략하기도 하고 혹은 강조하기도 했습니다. 그렇다고 언어로 설명하는 본뜻이 혀끝에 있지 않다는 말로써 증거를 삼아서도 안 됩니다. 하나의 기연, 하나의 경계를 이해했더라도 종·탈·역·순(縱奪逆順)의 경계를 경험하자마자 어디에 손을 써야할지 모를 것입니다. 이렇게 되는 이유는 다름이 아니라 이치를 극진히 깨닫지 못했기 때문입니다.

그리고 공안이 비록 하나의 도리이기는 하나 그 차이는, 사람이 바다에 들어갈 때 들어가면 갈수록 더욱 깊어져 계속 들어가면 밑바닥까지 도달하는 것과 같습니다. 도달하고 나서 홀연히 왔던 길을 되돌아보면 바로 이것이 바다구나 하는 사실을 알게 됩니다. 그러나 그 깊은 곳에 몸소 도달해서 한 번 뒤돌아보지 않는다면, 가

습속 의심덩어리가 약속도 없이 자연히 몰려나올 것입니다.

　어떤 스님이 마조스님[10]에게 '무엇이 부처입니까?'라고 묻자 마조스님께서 '마음이 바로 부처다'라고 대답했습니다. 이 공안은 전에 참선한 적이 없던 사람도 모두 알겠다 하고 지나쳐버리기 쉽습니다. 그러나 그 지극한 뜻은 오래 참선한 선승(禪僧)도 대부분 잘못 알고 있습니다. 왜냐하면 '너는 무엇을 마음이라 하는가?' 하고 질문하자마자 갈래길이 생길 것이기 때문입니다. 여기서 분명한 당처(當處)를 지적해내려면 반드시 직접 뛰어넘어 손아귀에 쥔 적이 있어야 합니다. 그리하여 반복해 한차례 살피면 보는 가르침마다 명명백백한 것이 마치 큰 십자로(十字路)에서 그리운 어버이를 만난 듯하여 자연히 공안을 들자마자 계합하게 될 것입니다.

　혹 어떤 무리들은 전혀 참선도 하지 않고, 마음자리를 분명히 밝히지도 않고, 발밑에서 생사의 큰 의심덩어리인 번뇌를 절단하지도 않고, 오직 총명한 재주만 믿고서 고금의 문자만 이리저리 따지고 연구해 그저 그럴듯한 언어로 비교하고 헤아려서는 고금의 공안을 모두 알았노라고 자부합니다. 그러나 이것은 자신이 생사의 근본을 몰랐다는 사실조차 알지 못하는 것입니다. 차라리 이런 무리들은 아무것도 모르겠다고 말하는 솔직한 사람만도 못합니다. 솔직한 사람은 지금까지는 공안의 깊은 뜻을 몰랐으나 어느 날엔가 홀연히 신심(信心)을 일으켜 똑바로 공안을 참구(參究)하기만 하면 명확하게 깨닫는 시기가 있을 것입니다. 그러나 총명하고 영리하기만 하여 머릿속으로 미리 알아버린 사람은 절대로 다시는 올바른 믿음을 내어 명확하게 깨닫지 못할 것입니다.

요즘 총림에서는 속히 제자를 얻는 데만 급급하여 제자들이 총명하고 영리해질 때까지 기다려 주지를 않습니다. 스승이라는 자들이 책자를 쥐고서는 화두 하나를 던져 주며 어린아이가 어른처럼 읽기를 바랍니다. 그들이 이해하고 그들의 자질이 깊고 묘해지기를 바라지만 그것은 그물 속에 입으로 바람을 불어 가득 차게 하려는 것과 다를 바가 없습니다.

진정한 선객[本色道流]이라면 이런 나쁜 독약은 먹으려 하지 않습니다. 어쩌다 고금의 기연을 만나더라도 절대로 이리저리 따지려 들지 않고 그 자리에서 단박 깨우쳐 생사의 바른 뜻을 꿰뚫어 버립니다. 마치 눈앞에 수만 길이나 되는 장벽이 서있는 것처럼, 오래도록 공안을 참구하다가 홀연히 의심덩어리를 타파합니다. 그러면 백천만 가지 공안의 심천(深淺) · 난이(難易) · 동별(同別)이 한꺼번에 뚫려 자연히 남에게 묻지 않게 됩니다.

만일 마음의 눈이 아직 열리지 않았는데도 자신에게 되물어 참구하려 하지 않고 끝내 남들이 열어 보여주기를 바란다면, 비록 석가모니부처님과 달마스님이 간과 쓸개를 꺼내 보여준다 해도 오히려 그 마음의 눈을 멀게 할 뿐입니다. 생각하고 또 깊이 생각해 보십시오."

1 "我宗無語句 亦無一法與人." 설봉스님이 덕산선감 선사에게 "윗대로부
터 종문에서는 어떤 법을 사람들에게 보였습니까?"라고 묻자 덕산이
"우리 종문에는 언어나 문구가 없고 진실로 사람에게 줄 한 법도 없다"
고 대답하였다. 『경덕전등록(景德傳燈錄)』 권15(T51-317b)

2 어느 스님이 "한 생각 일으키지 않더라도 허물이 있습니까?" 하고 묻자
운문스님께서 말씀하셨다. "수미산만큼." 『운문광진선사광록(雲門匡眞禪
師廣錄)』(T47-547c)

3 분주무업(汾州無業, 760~821) 선사는 누가 묻기만 하면 한평생 "망상 부
리지 말라"는 말씀만 하셨다. 『벽암록(碧巖錄)』 권2(T48-159c)

4 감파(勘婆) : 흔히 '조주감파(趙州勘婆)'라 부르는 공안이다. 오대산 길목
에 한 노파가 살았는데 지나가던 스님들이 "오대산으로 가려면 어디로
가야 합니까?" 하고 물으면 "곧장 가시오."라고 대답했다. 그리고 스님
들이 서너 걸음 옮기면 노파는 "멀쩡한 스님이 또 저렇게 가네"라고 하
였다. 이 일을 조주스님에게 말하자 조주스님이 "내가 그를 감정하리
라." 하고 이튿날 노파를 찾아갔다. 조주스님이 여느 스님과 마찬가지로
묻자 노파 역시 똑같이 대답했다. 이에 선사가 절로 돌아와 대중에게
말하였다. "내가 그대들을 위해 노파를 감정했다." 『종용록(從容錄)』 제
10칙 「대산파자(臺山婆子)」(T48-233c)

5 화타(話墮) : 흔히 '운문화타(雲門話墮)'라 부르는 공안이다. 한 스님이
"광명이 온 사바세계를 고요히 부추니…" 하고 말을 꺼내자마자 운문
선사께서 물으셨다. "그건 장졸수재(張拙秀才) 말이 아닌가?" 그 스님이
"그렇습니다."라고 하자 선사께서 말씀하셨다. "말에 떨어졌구나." 『운문
광진선사광록(雲門匡眞禪師廣錄)』(T47-557c)

6 탁발(托鉢) : 흔히 '덕산탁발(德山托鉢)'이라 부르는 공안이다. 덕산스님
이 하루는 발우를 들고 당을 내려오자 이를 본 설봉스님이 물었다. "노

인네가 종도 치지 않고 북도 치지 않았는데 발우를 들고 어딜 갑니까?" 그러자 덕산스님이 방장으로 돌아갔다.『무문관(無門關)』(T48-294b)

7 상수(上樹) : 흔히 '향엄상수(香嚴上樹)'라 부르는 공안이다. 향엄화상께서 말씀하셨다. "어떤 사람이 나무에 올라가 입으로 나뭇가지를 물었는데 손으로 가지를 잡을 수도 없고 발로 나무를 디딜 수도 없었다. 그 나무 아래에서 어떤 사람이 조사가 서쪽에서 오신 뜻을 묻는데 응대하지 않으면 그의 질문을 위반하는 것이고, 대응하면 몸을 잃고 목숨을 잃게 된다. 바로 그럴 때 어떻게 응대해야 할까?"『무문관(無門關)』(T48-293c)

8 3현(三玄) : 임제의현 선사가 수행자를 지도하는 방법으로 설한 교설로서 현중현(玄中玄)·구중현(句中玄)·체중형(體中玄)을 말한다. 현(玄)은 심원한 불법의 이치를 뜻한다.

9 4구(四句) : 서술방식의 네 가지 범주, 즉 긍정[有]·부정[無]·부분긍정 부분부정[俱句]·전체 부정[非]을 모두 망라한 것이다.

10 마조도일 선사 : 도일(道一, 709~788)선사의 속성은 마(馬) 씨며 한주(漢州) 습방(什防) 사람이다. 남악회양(南嶽懷讓)에게서 심인(心印)을 받고, 대력(大歷) 연중(766~779)에 강서(江西) 종릉(鍾陵)의 개원사(開元寺)에 들어가 선풍을 드날려 세상 사람들이 강서(江西) 마조(馬祖)라 일컬었다. 정원(貞元) 4년 건창(建昌)의 석문산(石門山)에서 나이 80세로 입적하였고, 시호는 대적선사(大寂禪師)이다. 문하에서 백장(百丈)·대매(大梅)·염관(鹽官)·남전(南泉) 등 139인의 선지식이 배출되었다.

천목중봉 스님의
산방야화·중

01

○

수행을 하면
깨달을 수 있습니까?

●

어떤 이가 물었다.

"인도 땅에서 오신 달마스님의 가풍은 매우 엄격해서 말로 표현하기 이전에 알아 버렸다고 해도 그것은 이미 옆길로 빠진 것입니다. 그런데 어찌 수행(修行)한다는 말이 용납되겠습니까? 더구나 마른 고목처럼 방석에 앉아 시체를 지키겠습니까? 그리고 앉는다고 선이 되는 것입니까? 이렇게 하는 것은 선대(先代)의 종지(宗旨)에 누를 끼치는 일이 아니겠습니까?"

내가 말했다.

"누를 끼치는 것이 아닙니다. 그대는 말을 하나만 알고 둘은 모릅니다. 용담(龍潭)스님[1]이 스승인 천황(天皇)스님[2]에게 '오랫동안 스님 밑에서 공부했는데도 제게 심요(心要)를 보여주지 않으셨습니다'

라고 하자 천황스님은 '그대가 차를 가지고 오면 나는 차를 받아 마셨고, 그대가 문안을 드리면 나는 머리를 끄덕였다. 이것이 그대에게 심요를 열어 보여준 것이 아니겠는가?'라고 하였습니다. 이에 용담스님이 드디어 깊은 뜻을 깨달았다고 합니다.[3]

이 공안은 수행을 하는 입장에서 보면 매우 명쾌하고 쉬운 것인 듯하지만 우리 종문의 입장에서 보면 옆길로 샌 것에 불과합니다. 반면에 위산(潙山)스님이 향엄(香嚴)스님에게 '부모가 그대를 낳아주기 이전 그대의 참 모습은 무엇이냐?'고 묻자 향엄스님은 대답을 하지 못했습니다. 그는 도리어 위산스님이 설명해 주기를 바랐는데 위산스님이 허락하지 않았습니다. 그러자 향엄스님은 평소에 공부했던 것을 모두 버리고 남양(南陽) 땅으로 들어가 한 암자에 머무르게 되었습니다. 그곳에서 얼마를 지내다가 갑자기 기왓장이 대나무에 부딪치는 소리를 듣고는 단박 깨달았다고 합니다.[4]

이 깨달음이 있기까지는 수행한다는 티를 내지 않고 묵묵히 암자에 기거하면서 그 문제를 생각하고 그 문제 속에서 살았다고 할 수 있습니다. 무엇을 도모해서 그렇게 했겠습니까? 비록 그가 말이 떨어지자마자 깨닫지 못하고 많은 세월을 지내고서야 깨달았지만 그가 깨달은 깊은 경지가 달마스님이 전한 경지와 다르다고 말할 수 있겠습니까?

요즘 수행하는 사람들이 영험을 보지 못하는 이유는, 첫째 고인들처럼 진실한 기개가 없고, 둘째는 생사(生死)의 덧없음을 일생의 대사(大事)로 삼지 않으며, 셋째는 오랜 세월 잘못 익힌 수행법을 버리려 하지 않기 때문입니다. 그래서 하루 종일 남들이 하는 대로 화두를 들기는 하지만 방석이 따뜻해지기도 전에 정신이 혼미해지고 마음이 어지러워집니다. 이것은 절대로 물러서지 않겠다는 심신(心身)이 채 갖추어지지 않았기 때문입니다. 참으로 딱한 일이라 하겠습니다. 설사 미륵부처님이 태어난다 한들 이런 폐단을 다 없앨 수 있겠습니까?

성취하지 못한 사람들을 보면 자기가 미치지 못하는 것은 탓하지 않고 도리어 불법(佛法)이 쇠퇴하고 총림(叢林)의 운이 다했다고 핑계를 댑니다. 그리하여 요즘은 훈련시켜 주는 스승도 없고 일깨워 주는 친구도 없으며, 주거도 불편하고 음식도 먹을 수가 없으며, 법도도 없고 주위도 시끄럽다고 불평합니다. 그러나 이런 이유 때문에 수행이 안 된다고 할 수 있겠습니까? 이런 말이 나오고부터는 도(道)를 배운다는 사람치고 이것을 구실로 삼지 않는 자자 없습니다. 마치 농부가 제때 비가 오지 않는 것만 탓하면서 땅을 갈고 김매는 일을 하지 않는 것과 무엇이 다르겠습니까? 그렇게 하고도 가을에 결실이 풍성하기를 바라겠습니까? 도를 배운다는 사람이 환경의 좋고 나쁨만 따지고, 그러다 잠깐 사이에 한 생각이 일면 그것을 분별하려 듭니다. 분명히 말해 두지만 그들이 만겁의 생사 굴레에 얽히고 결박된 것은 두말할 것 없이 이런 연유 때문입니다.

그대는 듣지 못했습니까? 설산(雪山)의 늙은 사문[5]이 만승(萬乘)

이나 되는 존귀한 영화를 모두 버리고 6년간 얼음 위에 누워 고행을 하였으며, 황벽(黃蘗) 나무를 씹으면서 춥고 배고픈 가운데서도 몸을 돌보지 않고 수행하다가 드디어 샛별을 보고 깨달았습니다. 또한 부처님 이후 서천(西天) 땅의 28조사(二十八祖師)가 모두 바위나 동굴 등에서 거처하였습니다. 혹 세상사에 섞여 있어도 진심(眞心)을 잃지 않고 참다운 수행을 어김없이 해서 모두 스스로 깨달아 부처님의 심인(心印)을 전했던 것입니다.

또 달마스님이 중국으로 오고 백장(百丈)스님[6]이 탄생하기 이전에 우두(牛頭)스님이 옆으로 한 가지 나왔으며, 남북종(南北宗) 양파로 나누어지게 되었습니다. 그들 모두 허리에 낫을 차고 어깨에 삽을 걸치고는 화전(火田)에 씨를 뿌리고 벌목하여 밭을 갈아 직접 밥을 짓고 절구질을 했으며, 너절한 누더기를 걸치고 걸식하였습니다. 그렇게 철석같은 신심(身心)과 빙상(氷霜)같은 신념으로 불조의 일대사인연(一大事因緣)을 한 어깨에 걸머졌습니다. 그래도 결코 두려워하거나 겁내지 않았습니다. 모두 가야 할 곳으로 스스로 갔기 때문에 도달한 곳이 언제나 정확했던 것입니다. 그 당시 어느 곳에 5산10찰(五山十刹)[7]같이 으리으리한 거처와 3현(三玄)이니 5위(五位)[8]니 하는 특이하고 복잡한 이론과 방(放)·수(收)·살(殺)·활(活)의 구별과 염(拈)·송(頌)·판(判)·별(別) 같은 복잡한 이론이 있었겠습니까? 원래 흠집이 없는 옥(玉)은 갈고 닦지 않아도 되는데 무슨 연장이 필요하겠습니까? 안목이 처음부터 올발랐던 것입니다.

백장(百丈)스님이 총림(叢林)을 건립한 이래로 광대한 전답과 큰 집은 많아졌지만 수행하는 자세는 퇴보하여 잘못과 허망이 도리어 늘어났습니다. 그 결과 쓸데없는 기강만 날로 번거로워졌고, 실제로 예의는 나날이 사라져 갔습니다. 이러한 상황을 이미 수백 년 전에 선풍(禪風)의 진면목을 제창하신 임제(臨濟)·덕산(德山)·운문(雲門)·진정(眞淨)⁹ 같은 스님은 분하고도 분한 기상으로 노하여 마치 음란한 여인을 보듯이 제방을 꾸짖었습니다. 그것은 그들이 도의 근본은 체득하지 못하고서 쓸데없이 입으로만 깨달려 애써 결국 서로 속이고 마는 것을 꾸짖은 것입니다. 그 사이사이에도 또 안목이 바른 스승들이 있어 제방에서 선을 논하는 것을 섭공(葉公)이 용(龍)을 그리고¹⁰ 조창(趙昌)이 화조(花鳥)를 그리는 것¹¹에 비유하였습니다. 섭공과 조창이 한 것조차도 이미 진짜가 아닌데 더욱이 그들의 흉내 따위나 내는 자들이 하는 짓이겠습니까. 오(烏)자가 언(焉)자가 되고 마(馬)자가 되었다는 탄식이 딱히 오늘날에만 있는 것은 아닙니다.

이렇게 보건대 참답게 구하고 실제로 깨달은 인재를 만나는 것이 오늘에만 어려운 것이 아니라 지난날에도 힘들었던 것입니다. 이것은 다름 아니라 생사의 정망(情妄)과 무명(無明)의 결습(結習)이 끊임없이 일어나 조금도 쉴 틈이 없기 때문입니다. 정말이지 골수에 사무치도록 열심히 생사를 끊겠다는 정념(正念)으로 원수와 적을 만난 듯이 화두(話頭)에 몰두해야 합니다. 그렇게 한 생(生) 두 생을 끊임없이 눈을 부릅뜨고 화두를 들어 깨닫기를 기다리지 않는다면 섭공과 조창 같은 부류에게 미혹되지 않을 수 없을 것입니다.

어떤 사람은 3조(三祖) 승찬대사(僧璨大師)가 '증오와 사랑만 없다면 깨달음이 뚜렷이 명백해질 것이다'[12]라고 한 것과 영가대사(永嘉大師)가 '망상도 제거하지 말고 진실도 구하지 말라'[13]고 한 것을 인용하여 증거로 대면서 '이것이 바로 깨닫는 이치인데 무엇 때문에 한 생 두 생씩 육체를 수고롭게 하고 마음을 괴롭혀 가면서 도를 얻으려 하는가?'라고 합니다. 이런 말들이 유행하면서 섭공이나 조창 같은 어리석은 마음이 일어났고, 끝내는 그 마음을 그칠 수가 없게 되었습니다. 이들은 영가스님이 '법재(法財)를 손상시키고 공덕을 소멸하는 것은 바로 사량분별 때문이다'[14]라고 하신 말씀을 조금도 생각지 않는 것입니다. 사람들이 올바른 깨달음은 구하지 않고 헛되게 사량분별로 따져 이해한 그럴듯한 말들을 영가스님이 통렬하게 비판하신 것입니다. 한 사람이 잘못 전한 것을 만 사람이 진실인 양 전하고 있으니, 이제는 오(烏)자가 언(焉)자가 되고 마(馬)자가 되는 그런 정도가 아닙니다. 그 때문에 옛사람이 '참선을 하려거든 실답게 해야 하고 깨달으려거든 진실하게 깨달아야 하니, 염라대왕은 말 많은 자를 두려워하지 않는다'[15]고 한 것입니다. 이 말씀이 참으로 옳습니다.

저는 진실하게 깨달은 사람은 되지 못하지만 결코 경솔하게 섭공과 조창의 전철을 밟지는 않습니다. 평소 다른 사람에게 이러쿵

저러쿵[東語西話] 참선에 대해 비평한 것은 내 스스로 이 방편[法門]을 확신하기 때문이지, 아는 것을 과시해서 다른 사람의 칭찬을 들으려고 그런 것이 아닙니다. 그러니 남들이 혹 믿어준다 하더라도 기뻐하지 않고, 또 믿어주지 않는다고 해서 어찌 노하겠습니까? 또한 믿고 안 믿고는 모두 그 자신의 마음에 달렸으니, 어찌 제가 기뻐하거나 노하겠습니까? 오직 같은 길을 가는 사람만이 알아줄 뿐입니다. 혹 허망하게 속인다고 나무란다한들 어찌 싫어하겠습니까."

1   용담(龍潭)스님 : 용담숭신(龍潭崇信, 782~865) 선사는 어린 시절 절 앞에
    서 호병(餬餅) 가게를 하는 어머니의 심부름으로 천황스님에게 매일 호
    병 열 개를 공양하였다. 이 인연으로 천황스님께 출가하여 제자가 되었
    다.

2   천황(天皇)스님 : 천황도오(天皇道悟, 748~807) 선사는 경산도흠(徑山道
    欽)·마조도일(馬祖道一) 등에게 참학하고 석두희천(石頭希遷) 선사의 법
    을 이었다.

3   천황스님과 용담스님의 위 일화는 『경덕전등록(景德傳燈錄)』권14(T51-
    313b) 등에 수록되어 있다.

4   위산스님과 향엄스님의 위 일화는 『위산영우선사어록(潙山靈祐禪師語
    錄)』(T47-580b) 등에 수록되어 있다.

5   설산(雪山)의 늙은 사문 : 석가모니 부처님을 가리킨다. 왕위를 버리고
    스승을 찾아 여러 나라를 편력하다 남쪽 가야(伽倻)에서 고행하였는데,
    후대에 이곳을 설산(雪山)이라 명기하였다.

6   백장(百丈)스님 : 당나라 때 스님으로 법명은 회해(懷海, 720~814)이고 속
    성은 왕(王) 씨이며 복주(福州) 장락현(長樂縣) 사람이다. 마조(馬祖)를
    찾아가 6년 동안 섬기고 인가받았으며, 홍주(洪州) 대웅산에서 종풍을
    선양하였다. 납자들이 사방에서 모여들어 마침내 그 절을 백장산 대지
    성수선사(大智聖壽禪寺)라 하고, 스님을 백장선사(百丈禪師)라 하였다.

7   5산10찰(五山十刹) : 관부에서 주지를 임명했던 선종의 대표적 사찰들
    을 말한다. 5산은 남송 때 가장 높은 위치를 차지한 경산(徑山) 만수사
    (萬壽寺)·북산(北山) 영은사(靈隱寺)·태백산(太白山) 경덕사(景德寺)·남산
    (南山) 광효사(廣孝寺)·아육왕산(阿育王山) 광리사(廣利寺)이고, 10찰은
    송대에 정해진 선종 사찰 순위로서 영조사(永祚寺)·만수사(萬壽寺)·흥
    국사(興國寺)·광효사(廣孝寺)·자성사(資聖寺)·용상사(龍翔寺)·숭성사(崇

聖寺)·보림사(寶林寺)·운암사(雲巖寺)·교충사(敎忠寺)이다.

8　5위(五位) : 동산양개 화상이 제창한 교설로서 불교 교리의 대강을 정위
(正位)·편위(偏位)·정위중래(正位中來)·편위중래(偏位中來)·상겸대래(相
兼帶來)의 다섯 항목으로 요약한 것이다. 그의 제자 조산본적 선사가 이
를 동산오위현결(洞山五位顯訣)이라 소개하고 자세히 해석하였다. 『무주
조산본적선사어록(撫州曹山本寂禪師語錄)』권하(T47-541c)

9　진정(眞淨) : 임제종 황룡파 스님으로 법명은 극문(克文, 1025~1102)이며
호는 운암(雲菴)이다. 주석 지명에 따라 늑담극문(泐潭克文)·진정극문
(眞淨克文)·보봉극문(寶峰克文)이라고도 한다.

10　섭공(葉公)이 용(龍)을 그리고 : 섭공은 나뭇잎에 채소를 담아 먹어서 생
긴 이름이다. 성은 심(沈), 이름은 저량(諸梁), 자는 자고(子高)이다. 용을
좋아해 대문·방문·병풍과 집 곳곳에 그렸는데 하늘이 진짜 용을 보여
주자 보고는 놀라 죽어버렸다고 한다. 『북산록(北山錄)』(T52-636a)

11　조창(趙昌)이 화조(花鳥)를 그리는 것 : 조창은 송나라 때 유명했던 화조
화가이다. 『선림승보전(禪林僧寶傳)』권30(X79-553a)에서 "조창이 그린
꽃이 거의 진짜 같지만 진짜 꽃은 아닌 것과 같다."고 하였다.

12　"但莫憎愛 洞然明白." 승찬대사가 지은 『신심명(信心銘)』첫 구절이 "至
道無難唯嫌揀擇 但莫憎愛洞然明白."이다. 『경덕전등록(景德傳燈錄)』권
30(T51-457a)

13　"不除妄想不求眞." 영가대사의 『증도가(證道歌)』첫 구절이 "君不見 絶
學無爲閒道人 不除妄想不求眞."이다. 『영가증도가(永嘉證道歌)』(T48-
396a)

14　"損法財 滅功德 莫不由斯心意識." 『영가증도가(永嘉證道歌)』(T48-396a)

15　『고존숙어록(古尊宿語錄)』(X68-158a)에 신정홍인(神鼎洪諲) 선사의 말씀
으로 기록되어 있다.

02

○

다른 방편으로도
깨달을 수 있습니까?

●

어떤 이가 물었다.

"참선으로 깨닫지 못한다면 다른 방편을 사용해 깨달을 수 있습니까? 이렇게 저렇게 해봐도 깨닫지 못하면 향후 세계에서라도 무상한 생사대사(生死大事)를 해결할 수 있는 도리가 있습니까?"

내가 말했다.

"좋은 질문입니다. 깨달음이란 당사자가 직접 체험해야 하는 일입니다. 남들에게 의지해 될 수 있는 일이 아니고, 남이 어떻게 해줄 수 있는 일도 아닙니다. 그 때문에 미혹에 빠지는 것도 제 스스로 그렇게 만드는 것이고 깨우침도 반드시 자신에 의해 달성된다 하는 것입니다. 스스로 깨닫지 못하면 석가모니부처님과 달마대사라 할지라도 그대에게 깨달음을 얻게 하지 못할 것입니다.

요즘 스승들도 참선하는 사람들이 깨닫지 못하는 것에 대해 대부분 어쩌지 못하고 있습니다. 그러므로 근기(根機)에 알맞은 방법을 쓰고 방편을 자세하게 베풀어 후학을 지도하고 있습니다만 배우는 사람들은 생사대사(生死大事)를 해결해야 할 큰 문제로 삼지 않고 선(禪)을 신속하게 머리로 이해하려 듭니다. 그리하여 고작 방편 속에 쭈그리고 앉아 알음알이로 고금의 공안을 통하고서 관문을 뚫었다고 말합니다. 그러나 자기 발밑의 생사(生死)라는 가장 크고 견고한 관문은 뚫지 못하고 자기가 통과한 것은 고작 언설(言說)의 관문에 불과하다는 사실은 모릅니다. 이것은 수행에 무익한 정도가 아니라 자기의 본분을 스스로 해치는 짓입니다.

만약 진실하게 생사대사를 끊으려는 올바른 사람이라면 설령 달마대사가 세간에 출현하여 모든 불조의 핵심 도리를 가져다 8식(八識) 가운데 놓아준다 해도 뿌리까지 모두 토해내야만 합니다. 왜냐하면 깨달음이란 반드시 본인에게 달려 있기 때문입니다. 반 푼어치도 다른 사람이 해결해 줄 수 없습니다. 비록 죽을 때까지 깨닫지 못한다 하더라도 오직 정념(正念)만 견고하게 지니고서 살아도 깨달음과 함께 살고 죽어도 같이 죽겠다는 태도를 가져야지 절대 알음알이로 이해하려 해서는 안 됩니다. 만일 이와 같이 뜻을 지킬 수 있다면 한 생 두 생이 흐른다 해도 깨닫지 못할까 절대 근심할 필요가 없습니다. 개중에는 고요하고 묵묵히 좌선하다가 번뇌망상이 잠깐 쉴 때, 문득 음식(陰識)[1] 가운데서 그럴듯한 도리를 깨닫게 되면 확철대오했다고 착각하게 됩니다. 그리하여 여러 경전 속에서 증거를 대고 마음속에 간직하나, 이 병통은 음식(陰識)에 의한 깨달음으로서 생사의 근본이지 견성이 아니라는 사실을 모릅니다. 그리고는 깨달았다는 생각에 집착해 다른 사람의 결택을 받으려 하지 않습니다. 그러면서 가는 곳마다 얼어터진 겨울오이로 만든 도장을 찍어주기를 요구하니 도대체 무엇을 도모하자는 짓입니까.

또 어떤 무리는 6진(六塵)의 반연된 그림자를 자기의 주인공이라고 잘못 생각하고 있습니다. 그리고는 옛사람이 깨닫지 못한 이에게 들려준 한마디를 끌어다가 겨우 그것으로 누가 한 말이라며 증거로 삼습니다. 참선을 하더라도 올바른 깨달음을 얻지 못하면 생사의 언덕에서 꼼짝도 못할 뿐 아니라 밝은 대낮에 눈을 크게 뜨고도 성색(聲色)을 만날 때마다 정념(情念)이 일어나 자유롭지 못합니다. 다른 사람이 그를 비방이라도 하면 근본무명(根本無明)이 일어나 상대방과 다투면서 자기주장을 고집하는데, 이것은 미친 사람이나 하는 짓입니다.

또 어떤 사람은 한평생 도를 배우고도 깨닫지 못하면 신심이 없어집니다. 그리하여 도를 배우겠다는 정념(正念)을 무사갑(無事甲)[2] 속에 처박아두고 더 이상 깨닫겠다는 마음을 일으키지 않습니다. 이와 같은 사람들은 정념(正念)을 잃어버린 것입니다. 이미 정념을 잃어버렸다면 훗날 깨달을 생각은 하지 말아야 합니다. 티끌이나 모래처럼 많은 세계를 돌아다니며 미래제(未來際)가 다하도록 수행해도 깨달을 수 없습니다. 이것은 좋은 전답을 갖고도 김을 매지 않으면서 오곡이 저절로 자라기를 바라는 것과 같으므로 이런 사람은 절대로 깨달을 수 없습니다."

주
:

1   음식(陰識) : 음은 5음(五陰), 식은 6식(六識)을 말한다. 허망하게 생멸하는 분별망상을 말한다.
2   무사갑(無事甲) : 구해야 할 부처도 행해야 할 도도 없다. 여기는 안일한 생각을 말한다.

03

○

참선했는데도 깨닫지 못하면
다른 방편을 써도 됩니까?

●

어떤 이가 물었다.

"평생 동안 참선하고도 깨닫지 못하면 어떤 과보가 있습니까?"

내가 말했다.

"콩을 심은 곳에서 삼이나 보리가 나는 법이 없고, 풀뿌리에서
는 소나무나 대춘(大椿)나무가 돋아나지 않습니다. 참선은 닦을 것
없는 공부[無功用法門]라고는 하지만 오히려 진짜로 참구하지 않을
까봐 걱정입니다. 그러니 영명스님이 '참선해 깨닫지 못하고 배워
성취하지 못했다 하더라도 그저 듣기만 해도 영원히 도의 종자가
된다. 그러면 세세생생 악한 세계에 떨어지지 않고 태어날 때마다
사람 몸을 잃지 않는다. 그러다 깨달음이 터지기만 하면 한 가지
만 들어도 천 가지를 깨달을 것이다'[1]고 한 것은 모두 진실한 말씀

이라 하겠습니다. 속담에 '한 조각의 착한 일을 잠시만 닦아도 많은 이익을 얻는다' 하고, 부처님 말씀에 '다섯 번만 부처님 명호를 불러도 무수한 보물로 보시한 복보다 훌륭하다'[2] 하였는데, 이것이 어찌 헛된 말들이겠습니까?

애초에 생사대사를 해결하기 위해 발심했다면 2, 30년 참선하고도 깨닫지 못했더라도 따로 방편을 구하지 마십시오. 절대로 마음속에 다른 생각을 하지 말고, 모든 허망한 생각을 끊고 부지런히 수행하십시오. 그리고는 오로지 참구하는 화두(話頭) 위에 꿋꿋이 발을 딛고, 살아도 화두와 같이 살고 죽어도 같이 화두와 같이 죽어야 합니다. 깨닫는 데 걸리는 시간이 3생(三生)이니 5생(五生)이니 10생(十生)이니 100세(百世)니 하는 말 따위는 전혀 신경 쓸 필요 없습니다. 만일 확실히 깨닫지 못했다면 절대로 쉬지 마십시오. 이런 각오만 있다면 일대사(一大事)를 해결하지 못할까 근심하지 않아도 됩니다. 그러므로 부처님께서 '말세 중생이 한순간이라도 물러나지 않을 생각을 일으킨다면 그것이 바로 정각(正覺)이다'라고 하셨으니, 이 말씀은 참으로 극진하다 하겠습니다.

요즘 수행하는 사람들은 이와는 반대입니다. 처음 발심할 때도 그 발심이 온당하질 못합니다. 경계 인연이 갑자기 바뀌면 잠깐 사이에 사려와 망념이 일어나 주인공 노릇이 견고하지 못하고 어느덧 딴 길로 빠져버릴까 걱정입니다. 생각생각 이런 식으로 치달리면서 생사대사를 신속히 벗어나려 하나 마구 치닫는 그 생각이 오히려 깨달음에 장애가 된다는 사실은 알지 못합니다. 그 결과 생사대사를 깨닫겠다는 바른 생각은 가지고 있지만 허망한 생각이 스스로를 가려버리고 맙니다. 그런 상태가 오래 계속되어 생사대사를 해결하지 못하면 생각을 바꾸게 되는데, 거기에는 세 가지 형태가 있습니다.

첫째 부류는 잘난 체 하는 마음을 버리지 못하고 총명함을 여전히 자랑하는 사람들입니다. 그러니 스승과 벗이 그의 잘못된 깨달음을 꾸짖은들 무슨 소용이 있겠습니까? 이런 사람들은 오직 입으로만 깨달으려 하므로 스스로 깨달아 알지 못하고 알음알이[知解]에 빠져들 뿐입니다. 사이비 반야(般若)로 6식(六識) 속에서 허우적거리면서 스스로 확실히 깨달았다고 말하며, 그것이 허망하다는 것을 조금도 생각지 않습니다. 따라서 그저 입으로 지껄이고 귀로 듣는 것만 복잡하게 많아질 뿐입니다. 교화의 방편이 쇠퇴해 이런 잘못에 빠지지 않는 자가 드뭅니다.

둘째 부류는 총명하지도 못하고 아는 것도 없는 사람들입니다. 그들은 매양 공부에 의지함이 굳건치 않고, 참선은 닦을 것 없는 공부라 전혀 영험이 없다고 여깁니다. 그렇게 10년 20년 계속하다가 상응하지 못하면 갑자기 여태 해오던 수행법을 바꾸어 버립니다. 그리하여 어떤 이는 염불(念佛)을 가장 빠른 수행법이라 하며 아침저녁으로 염주만 세면서 정토에 왕생하기를 원하기도 합니다. 혹은 '일대시교(一代時敎)는 부처님 입으로 선양한 것이다. 내가 오랫동안 참선했어도 깨닫질 못했으니, 비록 참선하는 것만 못하다 해도 경전을 연구하는 것이 그래도 선인(善因)을 심는 것이다' 하며 경전을 읽는 것이 헛되지 않다고 스스로에게 말합니다. 그런가 하면 어떤 사람은 일상생활에서 누리고 쓰는 것들을 번거롭게 여기고 과보로 받을 인연을 두려워합니다. 그런 사람은 숨어서 더러운 얼굴로 초의(草衣)를 입고, 직접 방아질하고 밥을 지으며 육신을 괴롭히기를 자원하기도 합니다. 혹은 비밀스런 주문을 외우기도 하고, 혹은 죄와 허물들을 참회하기도 합니다. 이런 사람들은 모두 바른 믿음[正信]을 어기고, 이단(異端)에 깊이 빠진 것입니다.

셋째 부류는 원래 믿음은 없었는데 어쩌다 인연(因緣)이 닿아 발심한 사람들입니다. 이들은 잠시도 좌선은 하지 않고 8식(八識) 가운데서 끊임없이 반연하면서 한 개의 화두도 깨물어 보지 못하고 수없는 망상을 시도 때도 없이 일으킵니다. 이들은 채 3~4년도 참선을 계속하지 못하면서 경솔하게도 '참선으로는 깨닫지 못한다' 하며 무사갑(無事甲) 속에 내동댕이쳐버립니다. 그리하여 생각생각 6진에 휘둘리고, 마음마음 물결을 따라갑니다. 그렇게 죽음의 문을 향해 가면서도 반성할 줄을 모릅니다.

총림(叢林)의 기풍이 시들어가고 조사의 도가 희미해진 때이니만큼 참선하는 수행자가 끝내 물러서지 않겠다는 철석같은 몸과 마음[身心]을 발휘하지 않는다면 위에서 지적한 세 길 중에 여기 아니면 저기, 저기 아니면 여기에 빠져 허우적거리게 될 것입니다. 이렇게 이미 마음의 큰 뜻을 잃었기에 부처님과 조사들이 더욱 불쌍히 여길 것이고, 총림이 망하는 이유도 모두 이 때문일 것입니다. 참선에 신심을 일으키는 것은 천생에 한 번 만나기 어려운 것이고, 백세에 한 번 나오기 어렵다는 사실을 까맣게 모르는 것입니다. 만약 앞으로 곧장 나아가 진실한 해탈을 얻으려 하지 않는다면 한 생각 굴리는 사이에 번뇌의 구름이 수만 리나 덮을 것입니다. 그러면서도 반야의 씨앗이 다시 마음에 들어가길 바란다면 그건 썩은 곡식에서 싹이 움트길 바라는 격입니다."

주
:

1　『만선동귀집(萬善同歸集)』에 부록으로 수록된 「영명수선사수계(永明壽禪師垂誡)」(T48-993b)에 나온다.
2　"聞五種名 超刹寶施福." 규봉종밀의 『원각경서(圓覺經序)』(T39-524a)

04

○

참선하는 마음 자세는
어떠해야 됩니까?

●

어떤 이가 물었다.

"옛사람과 요즘 사람들의 참선할 때 마음가짐은 다릅니까, 같습니까?"

나는 말했다.

"옛사람들은 도를 배울 때 도를 얻을 것인가, 얻지 못할 것인가에 대해 조금도 의심하지 않았습니다. 다리가 문턱을 넘기 전에 도적질하는 마음을 단번에 잘라서 다시는 그런 마음이 생기지 않도록 하였습니다. 그런데 요즘 사람들은 순전히 훔치려는 마음으로 주인을 삼습니다. 이것이 옛날과 지금, 도 닦는 사람들의 뚜렷한 차이점이라 하겠습니다.

생사란 도대체 무엇이겠습니까? 훔치려는 이 마음이 바로 생사입니다. 그러면 열반이란 도대체 무엇이겠습니까? 훔치려는 이 마음이 완전히 없어진 것이 바로 열반입니다. 그대를 위해 비유를 들어보겠습니다. 생사는 큰 병이고, 불조(佛祖)가 말씀하신 가르침은 훌륭한 약이며, 훔치려는 마음은 약을 쓸 때 금기하는 사항입니다. 생사의 큰 병을 불조의 언교(言敎)로 치료한다는 점은 고금이 동일합니다. 그러므로 생사의 큰 병은 치료하지 못할 이유가 전혀 없습니다. 다른 점이 있다면 금기사항에 대해 옛사람들은 순수하게 약을 복용했기 때문에 신통한 효험을 보았고, 요즘 사람들은 어떻게 된 것이 약을 다 복용하지 않았는데도 금기할 것까지 계속해서 먹습니다. 그러므로 병을 치료하지 못할 뿐만 아니라 다른 병까지 유발시킵니다. 이렇게 되면 아무리 빼어난 의사라도 손을 댈 수 없습니다.

그렇다면 무엇을 훔치려는 마음이라 하겠습니까? 다시 말하면 바로 알음알이[識情]가 훔치려는 마음입니다. 이것이 본래부터 갖고 있는 법재(法財)를 깎아 없애므로 영가스님께서 '법재를 손상시키고 공덕을 소멸하는 까닭은 모두 이 사량분별 때문이다'[1]라고 말씀하신 것입니다. 근래 귀감이 될 만한 선배들의 이야기를 몇 가지 들어보겠습니다.

6조(六祖)스님이 황매산(黃梅山)의 5조 홍인(弘忍)스님에게 찾아가자 홍인스님은 그저 방앗간에서 일만 시켰습니다. 또 위산(潙山)스님은 백장(百丈)스님 문하에서 전좌(典座) 소임을 보았을 뿐이고, 양기(楊岐)스님[2]은 십여 년 동안 오직 후원 일을 총괄했을 뿐입니다. 연조(演祖)스님[3]이 해회선원(海會禪院)에서 방아 찧은 일, 운봉(雲峰)스님[4]이 화주(化主) 노릇을 한 인연, 설두(雪竇)스님[5]이 변소 청소를 했던 일, 자명(慈明)스님[6]이 선소(善昭, 947~1024)스님께 참례하자 선소스님이 희롱하고 웃으며 꾸짖기만 했던 일, 황룡(黃龍)스님[7]이 자명스님에게 묻다가 욕만 들은 일들이 있었습니다. 그러는 사이에 차별적인 인연이 뒤섞여 나오고 위순(違順)[8]의 경계가 발생하였습니다. 그러나 당사자의 발심이 분명했기에 훔치려는 마음을 다 없애고, 갈래갈래 일어난 각각의 경계를 그대로 두고도 하나하나 지극한 이치로 귀결시켰던 것입니다. 그러니 어딜 가건 도(道)와 마주치지 않을 수 없었습니다.

요즘 사람들이 훔치려는 마음을 당장 없애려 하지 않는 것은 다름이 아니라 자기의 문제를 절실하게 느끼지 못하기 때문입니다. 몸은 공적(空寂)한 도량에 있지만 마음은 취사(取捨)의 세계로 치달리기 때문입니다. 이런 무리들이 결사를 일으킨다 하고 있으니, 옛사람과 우열을 비교한다면 하늘에서 쓰는 갓과 땅에서 신는 신처럼 서로 비교가 되지 않습니다. 이것은 무엇 때문이겠습니까? 요즘 사람들은 타고난 약간의 자질만을 자부하며 명성을 멀리까지 떨치려고 주제넘게 고인의 훌륭한 말씀을 머리로만 따릅니다. 힘들고 소소한 일은 평생 가까이하려 들지 않으니, 이런 사람들이 방아를 찧고 전좌 따위의 소임을 맡으려 하겠습니까? 비록 잠자리가 편안하고 배불리 먹는다 해도 욕구가 다 채워지지 않을 텐데 어찌 방앗간에서 고생스럽게 일하며 화주 노릇을 하려 하겠습니까? 손으로 주미불자(麈尾拂子)를 종횡으로 흔들며 높은 사자좌에 앉아도 깨달을 수 있는 인연은 더욱 멀어지고 훔치려는 마음은 들끓기만 합니다. 후배들을 걱정하여 보살펴 주고, 따가운 햇볕을 막아 주는 시원한 나무그늘이 되고자 하지만 어찌 가능하겠습니까?

이렇듯 교화하는 방편의 성쇠와 고금의 차이를 따져 보면 깨닫고 못 깨닫는 것은 모두 훔치려는 마음의 유무(有無)와 관계있습니다. 그래서 이 말은 꼭 하지 않을 수 없습니다."

어떤 이가 물었다.

"훔치려는 마음에 성인과 범부의 차이가 있습니까?"

내가 말했다.

"훔치려는 마음이 도대체 무엇이겠습니까? 그것은 바로 여래묘명원심(如來妙明元心)[9]의 지극한 바탕입니다. 그러나 도를 구하겠다는 뜻이 진실하고 간절하질 못했기 때문에 허망에 가려 점점 더 훔치려는 마음이 된 것뿐입니다. 이것은 벼에서 태어난 멸구가 벼를 해치는 것과 같은 이치이고, 나무에서 발생한 불이 그 나무를 태우는 것과 같은 이치입니다. 사람에게 먹고 자는 일은 하루라도 하지 않을 수 없는 일이지만 어쩌다 안 할 수도 있습니다. 하물며 도를 구하겠다는 생각이 진실하고 간절하다면 훔치려는 마음을 없애지 못할 이유가 어디 있겠습니까? 이것은 먹고살기 위해 다른 사람의 천한 일을 대신하는 것과 같습니다. 비록 하루 종일 몸이 피곤하고 괴롭다 하더라도 마음은 조금도 꺼려하거나 싫어하지 않습니다. 눈곱만치라도 제대로 하지 못한 부분이 있으면 그때마다 주인에게 매를 맞고 욕을 먹어도 전혀 기분 나빠하지 않습니다. 먹고사느라 받는 수치는 어쩌면 그렇게도 쉽게 잊습니까. 이것은 다름 아니라 먹고살려는 마음이 진실하고 간절하기 때문입니다. 만일 수고로움과 괴로움을 꺼려하고 매 맞고 욕먹는 것을 두려워한다면 먹고살 것을 잃게 됩니다. 그 하찮고 뜬구름 같은 먹고사는 것을 위해서도 지독한 수치를 잊을 수 있습니다. 더구나 우리들이 성스러운 도를 구하려 하면서 훔치려는 마음을 없애려 하지 않는 것과 비교한다면 어떻게 되겠습니까? 범부라 해서 어찌 성인과 다르겠으며, 성인이라고 범부와 다를 것이 뭐 있겠습니까? 오직 훔치려는 마음이 있느냐 없느냐에 따라 서로 달라질 뿐입니다. 도를 배우는 사람이라면 특히 이 점에 조심해야 합니다.”

주
:

1 "損法財 滅功德 莫不由斯心意識."『영가증도가(永嘉證道歌)』(T48-396a)

2 양기(楊岐)스님 : 법명은 방회(方會, 996~1046)이며 속성은 냉(冷) 씨이다.
   임제종 초원자명(楚圓慈明) 선사의 법을 이어 원주 양기산에서 선풍(禪
   風)을 크게 드날렸고, 1046년(경력 1) 운개산 해회사(海會寺)로 옮겨 임제
   의 정맥을 백운수단(白雲守端) 선사에게 전하였다. 문도가 크게 번창하
   여 후대에 양기파(楊岐派)로 불렸다.

3 연조(演祖)스님 : 오조법연(五祖法演, ?~1104) 선사를 말한다. 유식(唯識)·
   백법(百法) 등의 논(論)을 배우며 이치를 연구하다 교문(敎門)에 의혹을
   일으키고는 원조(圓照)선사 · 부산법원(浮山法遠) 선사를 참례하였으며,
   후에 백운수단(白雲守端) 선사를 스승으로 섬기고 법을 이었다. 오조산
   (五祖山)에서 종풍을 선양하였으며 그의 문하에서 극근(克勤)·혜근(慧
   勤)·청원(淸遠) 등 대선지식이 배출되었다.

4 운봉(雲峰) : 임제 문하 8세인 운봉문열(雲峰文悅, 998~1062) 선사를 말
   한다.

5 설두(雪竇)스님 : 법명은 중현(重顯, 980~1052)이다. 지문광조(智門光祚) 선
   사의 법을 이었으며, 설두산 자성사(資聖寺)에서 운문(雲門)의 종지를 선
   양하였다. 『경덕전등록』을 중심으로 고칙 100여 가지를 뽑아 송고를
   붙인 『설두송고(雪竇頌古)』가 유명하다. 여기에 후대 원오극근(圓悟克勤)
   선사가 평창(評唱) 착어(着語)한 것이 『벽암록』이다.

6 자명(慈明)스님 : 초원자명(楚圓慈明, 986~1040) 선사는 분양선소(汾陽善
   昭) 선사에게 참학하고 법을 이었으며, 석상산(石霜山) 등지에서 임제의
   선풍을 드날렸다. 문하에서 황룡혜남(黃龍慧南)과 양기방회(楊岐方會) 선
   사가 배출되었다.

7 황룡(黃龍)스님 : 법명은 혜남(慧南, 1002~1069)이며 속성은 황(黃) 씨이
   다. 초원자명(楚圓慈明) 선사의 법을 이어 황룡산에서 임제의 종풍을 크

게 드날렸다. 문하에 회당조심(晦堂祖心)·보봉극문(寶峰克文) 선사 등이
배출되어 문도가 크게 번창하였고 후대에 황룡파(黃龍派)라 불렸다.

8 위순(違順) : 역순(逆順)과 같은 말이다. 감정과 뜻에 어긋나 괴로움을 일으
   키는 것을 위, 감정과 뜻에 걸맞아 즐거움을 일으키는 것을 순이라 한다.

9 여래묘명원심(如來妙明元心) : 여래가 갖추고 있는 밝은 근본이 되는 마
   음, 즉 우리들의 본성이다.

05

○

혼침과 산란이 일어나면
어떻게 해야 합니까?

●

어떤 이가 물었다.

"공부를 하면 정신이 혼미해지고 마음이 산란해져서 장애가 됩니다. 이것을 온 힘을 다해 물리치려 해도 잘 되지 않습니다. 근기와 능력이 미치지 못해 그런 것입니까?"

나는 말했다.

"아닙니다. 정신이 혼미해지고 마음이 산란해지는 것 그대로가 본래의 면목[本地風光]이라는 것을 알아야 합니다. 실제 이치로 보면 그것은 둘이 아닙니다. 그대가 정신이 혼미하고 산란한 것을 떨쳐 버리려 하지 않더라도 그것들은 본래 자성(自性)도 없고 실체도 없는 것이어서 저절로 소멸할 것입니다. 이것은 참선하는 사람의 생각이 진실하고 간절하지 않기 때문에 잠시 생기는 것입니다. 명심해야 할 것은 한 생각 진실하고 간절하지 못하면 곧 그런 생각을 따라 정신이 혼미해지고 마음이 산란해진다는 것입니다. 그 다음 생각이 진실하고 간절하지 못하면, 그 즉시 그 생각을 따라 또 다른 혼침과 산란이 일어납니다. 그러나 백 천의 생각[念]이 모두 간절하고 진실하다면 결국 혼침과 산란은 들어올 곳이 없습니다. 혹 최후의 한 생각에서라도 조금만 간절하고 진실하지 못한 점이 있으면 즉시 그 일념을 따라 혼침과 산란은 일어나는 것입니다. 만일 최초의 일념부터 간절하고 진실해서 심화(心花)가 피어날 때까지 그 마음이 끊어지지 않는다면 혼침이니 산란이니 하는 것들은 자취조차 찾아볼 수 없을 것입니다.

　도를 구하는 생각이 진실하고 간절하지 못한 것은 탓하지 않고, 혼침과 산란이 참선에 장애가 된다고 탓하는 자들이 있습니다. 이것은 마치 어두운 방에 있으면서 물건의 모습을 확실하게 보지 못한다고 자기 눈을 탓하는 자와 다를 것이 없습니다. 또 진실하게 수행하는 사람이 혼침과 산란을 느낀다면 이것은 잘못입니다. 그렇다고 이 혼침과 산란을 물리치려 마음을 일으키는 것도 잘못입니다. 물리치지 못하고 근심만 내는 것도 잘못입니다. 또 설사 혼침과 산란을 물리쳐 눈앞이 깨끗해졌다 하더라도 이것은 잘못된 가운데 더 잘못을 저지르는 짓입니다. 더구나 혼침과 산란 그대로가 본지풍광이라는 것을 옳다고 생각해서 하루 종일 망상과 한 덩이가 되어 뒹굴며 분별하지 못하는 덜렁이는 말할 나위도 없습니다."

내가 연신 틀렸다고 하는 것을 보고 어떤 이가 물었다.

"어떻게 마음을 써야 혼침과 산란에 빠지지 않습니까?"

내가 말했다.

"만약 써야 할 마음이 있다면 더더욱 잘못입니다. 혼침과 산란이 조금이라도 일어날 때는 마음을 써도, 쓰지 않아도, 모두 전도된 것이며 잘못된 것입니다."

어떤 이가 말했다.

"언어나 알음알이로 도달할 수 없는 최상의 경지에 관한 말씀[向上語]을 저같이 처음 배우는 사람은 이해하질 못하겠습니다."

내가 말했다.

"도를 배울 때는 무엇보다 자기의 진실한 마음자리를 깨달아야 합니다. 진실한 마음자리를 이미 깨달았다면 부처와 중생이 서로 똑같은 것입니다. 향상(向上)이니 향하(向下)니 하는 것은 본래 없는 것입니다. 다만 그대가 혼침과 산란을 알아차리지 못했기 때문에 걸핏하면 그것에 걸려드는 것입니다. 이렇기 때문에 굳이 언어라는 격식으로 설명하게 되었습니다. 이제 부득이 혼침과 산란의 근본을 찾아 마음껏 파헤쳐 보겠습니다.

그대는 무량겁(無量劫)으로부터 번뇌에 너무 깊게 오염되고 훈습되어 왔습니다. 이것이 바로 혼침과 번뇌의 근본입니다. 또한 그대가 지금 색을 보고 소리를 들으며 생각생각 바깥 대상 세계와 마주하고, 애증취사(愛憎取捨)의 감정이 들쑥날쑥 일어나는 것도 역시 혼침과 산란의 근본입니다. 또한 그대가 최초의 일념에서 생사를 초월하려 한 것이 혼침과 산란의 근본이며, 참선하여 도를 배우려는 것이 혼침과 산란의 근본이며, 부처가 되고 조사가 되려는 것이 혼침과 산란의 근본이며, 위없는 대보리(大菩提)를 구하여 열반으로 나아가기를 바라는 것이 혼침과 산란의 근본입니다. 나아가 세간 혹 출세간의 갖가지 가르침 중에 간직한 털끝만한 알음알이도 혼침과 산란의 근본 아닌 것이 없습니다.

가령 이러한 혼침과 산란의 근본이 소멸되어 버린다면 삼천대천세계(三千大千世界) 어느 곳에서도 혼침과 산란은 털끝만큼도 찾아보기 어려울 것입니다. 혼침과 산란만 없을 뿐 아니라 진여(眞如)와 실제(實際)도 없습니다. 성인은 깨닫고 범부는 미혹한 이유가 무엇이겠습니까. 부질없이 알음알이로 따져서 조사의 깊은 마음을 매몰시켜서는 안 될 것입니다.”

06

○

참선을 어느 정도 했을 때
주의할 사항은 무엇입니까?

●

어떤 이가 참선하는 사람 중에는 초발심(初發心)을 위배하지 않는 자가 드문 이유를 물었다.

내가 말했다.

"무언가를 기대하는 사람은 마음속으로 뭔가 부족하다고 여기게 마련이고, 반면에 목적을 달성한 사람은 마음이 편안한 법입니다. 이것은 사람 사는 데 흔히 있는 일로서 천하고금이 동일하다 하겠습니다. 그러나 참선하는 납자라면 마음으로 늘 뭔가 부족하다 싶어야 하고, 마음을 편히 가져서는 안 됩니다. 왜냐하면 부족하다고 여기는 그 마음으로 받아들임으로써 끝없는 성인의 도를 성취하고, 편안한 그 마음이 불어나고 뭉쳐서 끝없는 업을 짓기 때문입니다. 마음이란 일정하게 정해진 것이 아니어서 인연 따라 더러워지기도 하고 깨끗해지기도 합니다. 한순간에도 별별 것을 다 생각할 수 있는 것이 마음입니다. 따라서 도(道)로 나가지 않으면 업(業)으로 가고, 깨달음으로 나가지 않으면 미혹으로 가 버려 그칠 때가 없습니다."

이 이야기를 듣고 문득 어떤 늙은 비구가 말했다.

"예전에 세속에 있을 때를 회상해보면 『법화경』 7권 중 네 권을 외울 수 있었습니다. 그 뒤 머리 깎고 승복을 입은 후에는 출가 전 외우지 못한 나머지 세 권을 반드시 외우리라 생각했습니다. 그러나 출가한 지 20년이 되었지만 나머지 세 권을 마저 외우기는커녕 출가 전 외웠던 네 권마저도 잊어버릴 줄 누가 알았겠습니까?"

이 말을 들은 사람들이 코를 쥐지 않는 자가 없었다. 이 기회에 대중들에게 말하였다.

"집에 있을 때는 세속을 벗어나야겠다는 기대가 있었기 때문에 늘 뭔가 부족함을 느꼈던 것입니다. 그래서 아침저녁으로 그 생각에 네 권이라도 외울 수 있었습니다. 그러나 이윽고 출가의 목적을 이루어 세속의 얽매임에서 벗어나자 마음이 편안해져 잊어버리려 하지 않아도 잊어버리게 된 것입니다. 이렇게 된 근본을 살펴보면 요즘 참선하는 자들도 다를 바 없다 하겠습니다. 그들 또한 세상 어디에도 자기 집 없이 한 몸으로 만 리를 떠돌아다닐 때는 부족하다는 생각에서 깨달아보겠다는 마음으로 오직 참선에만 몰두합니다. 그러다 어느 날 눈 밝은 스승이 교묘한 질문거리를 만들어 애매한 곳을 물으면 총명한 재주를 동원해 언어와 문자로 이리 저리 따집니다. 그렇게 해서 어쩌다 한 번 인가(印可)를 받으면 거기에 안주해 목적을 달성했다고 여깁니다. 이것은 마음이 편해져 허망한 견해가 생기고, 말할 때는 깨달은 듯하나 새로운 경계가 나타나면 다시 미혹한다는 것을 전혀 생각지 못한 처사입니다. 옛사람이 해탈했던 경지에도 물론 도달하지 못한 것이고, 지난날 자신이 뭔가 부족하다고 느껴 깨달음을 구하던 마음마저 몽땅 잃고 만 것입니다. 아! 성현의 학문이 어찌 여기에 그치겠습니까. 이는 스스로 뭔가 부족하다는 생각이 간절하지 못하고, 스스로 도를 깨달아야겠다는 바람이 깊지 않았기 때문에 생긴 결과입니다. 수행하는 사람은 반드시 이것을 조심해야 합니다."

07

○

깨달은 뒤에도
점수(漸修)할 필요가 있습니까?

●

어떤 이가 물었다.

"마음을 깨달은 뒤에도 실천 수행할 필요가 있습니까?"

나는 말했다.

"이것은 말로 형용하기 어려운 문제입니다. 그대는 마음을 깨닫는다고 했지만 본래 마음이라는 것이 없는데 어찌 마음을 깨닫는다 할 수 있겠습니까? '깨달음' 자체가 성립할 수 없으니 '마음'이라 할 때에도 정작 마음이라 할 것이 없습니다. 마음이라 할 그 무엇이 없으므로 유정(有情)·무정(無情)을 모두 관찰한다 해도 관찰하는 주체가 그것들과 혼융하여 하나가 됩니다. 그러므로 털끝만큼이라도 자타와 피차의 구별을 지을 수 없습니다. 그렇게 되면 속박도 해탈도 없으며, 취할 것도 버릴 것도 없게 됩니다. 허망과 진실에서도 떠나고, 미혹과 깨달음 어느 것도 아닙니다. 일념이 평등하여 만 가지 법이 여여(如如)한데, 또 무슨 실천 수행할 일이 있겠습니까."

어떤 이가 말했다.

"깨달았다 하더라도 오랜 세월 쌓인 무명(無明)의 미세한 염습(染習)이 아직 보고 듣고 하는 데에 남아 있습니다. 한순간에 그것이 다 없어지지는 않을 것이므로 실천 수행이 없어서는 안 될 듯합니다."

내가 말했다.

"마음 밖에 법이 없고, 법 밖에 마음이 없습니다. 만일 조금이라도 정습(情習)이 남아 있다면 이것은 깨달음이 뚜렷하지 못해서 그런 것입니다. 깨달음이 뚜렷하지 못하면 반드시 뚜렷하지 못한 자취를 쓸어버리고 평생을 바쳐서라도 확철대오하도록 해야 합니다. 혹 누가 다 깨우치지 못했으므로 실천 수행을 더 하여 확실히 깨달아야 한다고 말한다면, 마치 불쏘시개로 불을 끄려다 불길을 더 일어나게 하는 것과 마찬가지 행동이 될 것입니다. 옛사람들은 '반드시 부처님의 지견(知見)으로 다스려야 한다'[1]고 했습니다. 그러나 부처님의 지견이 무엇인지 나는 모르겠습니다. 과연 부처님의 지견과 상응할 수 있다면 다스린다는 말부터 벌써 군더더기입니다."

"그렇다면 실천 수행할 것이 없다는 말씀입니까?"

"이것은 미리부터 실천할 것이 있느니 없느니 하면서 스스로 미

혹에 빠질 필요 없다는 말이니, 정신 차려 들으십시오. 부지런히
자신을 채찍질하여 깨달음이 밑바닥까지 도달하고, 그렇게 해서
번뇌를 훌쩍 벗어나야만 실천 수행할 것이 있는지 없는지 저절로
알 수 있습니다."

주
:

1 "當以佛知見治之." 『종경록(宗鏡錄)』 권40(T48-653b)에 다음과 같은 글
   이 있다. "『화엄론』에서 '습기가 있다면 다시 부처님의 지견으로 다스린
   다[華嚴論云 若有習氣 還以佛知見治之]'고 하였다." 그러나 『화엄론』에는 이
   와 일치하는 구절이 없다.

08

○

3학을 배워
3독을 끊어야 합니까?

●

어떤 이가 물었다.

"참선하는 사람은 악을 끊지도 않고 선을 닦지도 않으며, 탐(貪)·진(瞋)·치(痴)도 버리지 않고, 계(戒)·정(定)·혜(慧)도 익히지 않는다고 합니다. 그리고는 이것이 일성평등(一性平等)이라 하는데, 정말 그렇습니까?"

내가 말했다.

"이것은 오래 전부터 자세히 말하고 싶어도 겨를이 없었던 문제였습니다. 마침 지금 질문하셨으니 간단히 대답해 드리겠습니다.

달마대사는 모든 부처님의 심종(心宗)을 깨달은 분이니, 외도(外道)·2승(二乘)과는 비교할 수 없습니다. 일심법계(一心法界) 속에는 부처도 중생도 없습니다. 심지어는 생사와 열반도 군더더기 말에 불과한데 무슨 악을 끊고 무슨 선을 행하며, 무슨 탐·진·치를 버리고 무슨 계·정·혜를 익히겠습니까?

요즘 참선하는 사람들이 일심(一心)의 요지는 조금도 깨닫지 못하고서 단지 이 지극한 이치를 도둑질해 마치 자기 견해처럼 떠들어댑니다. 미친 견해를 일으키고 범부의 망정을 내키는 대로 따라가 율의(律儀)를 파괴하며 스스로 구렁텅이에 빠지니, 이야말로 호랑이를 그리려다 잘못되어 개를 그린 격입니다.

악을 끊고 선을 닦는 뜻을 알려면 굳이 문자에 의지할 필요가 없습니다. 단지 자기 마음을 부지런히 참구하면 그뿐입니다. 그렇게 철저히 참구하여 더 이상 참구할 것이 없으면 마음의 눈이 환히 열려 비로소 악을 끊어야 할지 말아야 할지, 선을 닦아야 할지 말아야 할지 저절로 알게 될 것입니다. 이는 마치 말 못하는 이가 꿈을 꾸는 것과 같아서 꿈속에서는 분명히 대상을 보지만 말로는 표현 못하는 것과 같습니다. 그 때문에 확철대오한 사람은 악과 탐욕이 모두 본인의 마음이라고 하는 것입니다. 그렇다면 자기의 마음에는 끊고 버릴 이치가 없습니다. 그러므로 '끊어야 할 필요도 없고 버려야 할 필요도 없다'고 하는 것입니다."

어떤 이가 말했다.

"마음을 끊을 필요도 없고 버릴 필요도 없다면 갖가지 실천 수행을 해도 방해될 것이 없지 않습니까?"

내가 말했다.

"그대가 한 이 말은 사실 불조께서 매우 불쌍히 여기는 것입니다. 선악이 모두 자기 마음이므로 마음을 일으켜 끊는 것을 인정하지 않는데, 어떻게 마음을 일으켜 실천 수행하는 것을 인정할 수 있겠습니까?"

어떤 이가 말했다.

"악과 탐욕 등이 자기의 마음이므로 끊으려 해서는 안 되고 실천 수행하려 해서도 안 된다는 것을 분명히 알겠습니다. 그러면 이미 존재한 악과 탐욕 등은 도대체 어디로 가는 것입니까?"

내가 말했다.

"그대는 매우 미혹되어 있으므로 다음의 사실을 분명히 알아야 합니다. 모든 악업(惡業)과 탐·진·치와 무명번뇌(無明煩惱)와 갖가지 망상들은 모두 자성(自性)이 없습니다. 다만 자신의 마음을 미혹해서 허망에 의지해 생긴 것입니다. 이것은 마치 온도가 내려가면 물이 얼어 얼음이 되는 것과 같은 현상입니다. 이 마음을 확연히 깨닫기만 하면 모든 허망은 그 깨달음을 따라서 사라집니다. 이것은 날씨가 따뜻해져 녹은 얼음을 어디로 갔느냐 묻는 것이니, 이야말로 몹시 미혹된 사람이 하는 짓이라 하겠습니다."

어떤 이가 말했다.

"아무개는 이미 깨달았기 때문에 악과 탐욕이 일어나도 전혀 흔들리지 않는다고 합니다. 그것은 어떤 상태입니까?"

내가 말했다.

"여기에는 두 가지 종류가 있습니다. 하나는 아직 확철대오하지 못하고 번뇌망상이 조금 남아 있는 상태입니다. 만약 더 수행하지 않으면 결국 번뇌망상의 구덩이로 되돌아갈 것입니다. 또 하나는 뚜렷이 깨달아 모든 법을 어젯밤 꿈처럼 확실히 꿰뚫어 보는 상태입니다. 이런 깨달음을 바탕으로 동사섭법(同事攝法)[1]을 실천할 경우엔 겉으로 보기에는 흡사 악과 탐심이 있는 듯해도 그의 진실한 마음은 어디에도 구애되지 않습니다. 여기서 알아두어야 할 것은 이런 행동을 확철대오하지 못한 사람이 흉내 낸다면 그 사람은 아주 큰 잘못을 저지르는 것이 된다는 사실입니다."

주
:

1   동사섭법(同事攝法) : 4섭법(四攝法)의 하나이다. 불보살이 중생과 고락을 함께하며 그들을 깨달음의 길로 이끄는 행위를 말한다.

09

○

선업을 쌓으면
도(道)를 얻을 수 있습니까?

●

어떤 이가 말했다.

"사람이 매일 수만 가지 착한 일을 계속해서 한다면 지극한 도체(道體)와 가까워집니까, 멀어집니까?"

내가 말했다.

"도는 무위(無爲)가 근본이므로 선악(善惡)과 아무런 관련이 없습니다. 악을 행하는 것은 미혹과 허망 때문입니다. 성인은 그런 미혹과 허망을 타파하는 도구로써 착한 일을 합니다. 그런 선업(善業)이 두드러지면 미망(迷妄)이 소멸되고, 미망이 소멸되면 악은 자연히 사라집니다. 따라서 모든 악이 사라지고 나면 모든 선 또한 없어집니다.

옛사람이 '선악을 모두 생각하지 않으면 마음의 본체를 자연히 깨달을 수 있으리라'[1]고 한 말씀이 있습니다. 여기서 마음의 본체란 지극한 도(道)를 말합니다. 만약 악을 버리고 선만 있는 상태에서 지극한 도(道)를 바라보고자 한다면 아득히 멀기만 할 뿐입니다. 비유를 들어 설명하겠습니다. 사람들은 변소의 악취를 없애기 위해 향기로운 냄새를 뿌려둡니다.

그러나 이것은 애초부터 악취가 없는 곳에 자기 몸을 두느니만 못합니다. 변소는 악을 비유하고, 향기는 선을 비유하며, 더러움도 깨끗함도 없는 곳은 바로 지극한 도(道)를 비유한 것입니다. 또 사람들은 어두운 지하실을 밝히려고 횃불을 켜지만 그곳이 원래부터 밝았던 방만은 못합니다. 여기서 어두운 방은 악을 비유하고, 횃불은 선을 비유하며, 밝은 방은 지극한 도를 비유한 것입니다. 또 사람들은 엄동설한 추위가 싫어 모닥불을 피웁니다. 그러나 이것은 따사로운 방에 있는 것만 못합니다. 여기서 추위는 악을 비유하고, 모닥불은 선을 비유하며, 따뜻한 방은 지극한 도를 비유한 것입니다.

그러나 향을 사를 적도 있고 그렇지 않을 때도 있으며, 횃불도 켤 때와 끌 때가 있으며, 모닥불 역시 피울 때가 있고 꺼질 때가 있습니다. 그러나 지극한 도만은 영원토록 변치 않고, 세월이 흘러도 항상 그 모습으로 존재합니다. 어찌 지극한 도를 끊어졌다 이어지고 생겼다 사라지며 있었다가 없어지는 것들과 비교하겠습니까? 그렇다면 도를 깨닫는 데에 선을 행하는 것이 과연 어떤 효과가 있

는지 이제 알 수 있을 것입니다. 이치가 이러한데 제가 어찌 변론하
지 않을 수 있겠습니까?"

주
:

1   원문은 "善惡俱莫思量 自然得入心體"이다. 6조 혜능대사의 말씀을 인
     용한 것이나 문장이 정확히 일치하지는 않는다. 『육조대사법보단경(六祖
     大師法寶壇經)』, T48-360a에는 "그대가 마음의 요체를 알고 싶다면 그
     저 일체 선악을 모두 헤아리지 말기만 하라. 그러면 자연히 청정한 마
     음의 본체에 들어가게 되리라.[汝若欲知心要 但一切善惡 都莫思量 自然得入
     淸淨心體]"고 하였다. 『종경록(宗鏡錄)』 권14, T48-493c에서는 "六祖云
     善惡都莫思量 自然得入心體"라 하였는데, 이것이 인용한 문장과 가장
     유사하다.

10

○

선악의 참된 뜻은
무엇입니까?

●

어떤 이가 물었다.

"선악 두 글자에 대해서는 이미 들었습니다. 하지만 선악의 이치
는 세상 사람들이 제대로 이해하지 못하는 것 같습니다. 때리고 욕
하는 것을 악이라 하고, 이런 악행을 참고 보복하지 않으면 선이라
합니다. 또 칼로 살인을 하면 악이라 하고, 그것을 모두 받아들여
조금도 개의치 않는 것을 선이라 합니다. 또 음탕하고 포악하게 많
은 것을 탐내면 악이라 하고, 조용히 심신을 가다듬고 재계를 지키
며 경전이나 읽으면 선이라 합니다."

내가 말했다.

"그런 말은 다 선악의 겉껍데기만 말한 것입니다. 선악의 속뜻은
그것과 다릅니다. 선악의 참된 뜻은 별다른 것이 아닙니다. 생각

을 일으키고 마음을 움직여 하고자 하는 일이 대소 우열에 관계없이 남에게 이익을 주려는 것이면 모두 선이고, 자신의 이익을 위해 하는 짓이면 악입니다. 결과적으로 남에게 이익을 주면 일하는 과정에서 설사 욕을 먹고 배척을 당한다 해도 그것은 선입니다. 그러나 다른 사람들이 아무 말 하지 않아도 자신에게만 이로운 일이면 그것은 악입니다. 따라서 성현이 중생들을 교화하고 세상을 구제하느라 쉴 겨를이 없었던 것은 모두 지극히 선한 마음에서 비롯된 것입니다.

그러나 보통 사람들은 이와는 반대입니다. 겉으로 성현처럼 언행을 아름답게 꾸미지만 남에게 이익을 주겠다는 생각이 없으니 그것은 악입니다. 더욱이 겉모습마저 포악하고 성난 모습으로 쉬지 않고 날뛰는 것이야 더 말할 필요도 없습니다. 행동은 이렇게 하면서 선이라는 한마디를 기대한다면 하늘과 땅만큼 간격이 생긴 것이니, 어찌 지극한 도를 운운할 수 있겠습니까?"

11

○

제자백가(諸子百家)와 참선은
어떤 관계입니까?

●

어떤 이가 물었다.

"공자(孔子)·맹자(孟子) 등의 서적은 왕도(王道)를 말하여 인의(仁義) 사상을 주장했습니다. 또 노자(老子)·장자(莊子)의 책에서는 황도(皇道)를 말하여 무위(無爲) 사상을 주장했습니다. 제자백가(諸子百家)의 서적은 패도(覇道)를 다양하게 설명하며 공리(功利)를 주장했습니다. 그러나 우리 부처님 경전에서는 단지 성품자리만을 밝혀 '모든 법은 오직 마음에서 발현된 것이다'[1]라고만 하고, 일념(一念)도 일으키지 않는 것을 극치로 삼을 뿐입니다. 이들의 주장은 각각 달라서 서로 공통된 부분이 없는 듯합니다. 과연 공통되는 부분이 전혀 없습니까?"

내가 말했다.

"공통된 부분이 없다고 하면 편협한 것이 되고, 있다고 하면 경솔한 것이 됩니다. 깨닫는 공부는 둘 다 택하지 않습니다. 다만 한 곳을 집중적으로 파서 스스로 깨닫는 것을 중요하게 생각할 뿐입니다. 깨닫고 나면 울타리가 없어지고 3교(三教)² 성인의 가르침을 훤히 꿰뚫어 보아 말 밖에서 서로 손을 잡게 되고, 세간 출세간의 차이가 없다는 것을 분명히 알 수 있습니다. 그러나 깨닫지 못하면 비록 4고서(四庫書)³를 뱃속에 집어넣었다 입으로 토해낸다 해도 그것은 다문(多聞)과 아견(我見)일 뿐입니다. 말하자면 인도의 총명외도(聰明外道)가 바로 그런 경우입니다. 그러므로 배우는 사람이 확철대오하려 하지 않고 문자만 이해하려 한다면 어리석은 짓 아니겠습니까?

요즘 조금이나마 총명하다고 자부하는 자들은 마음의 망정(妄情)을 죽여 바르게 깨달으려 하지는 않고 늘 문자와 말에서 증거를 대려고만 합니다. 이렇게 하면 깨달음은 고사하고 알음알이의 사량분별만 늘어나 걸핏하면 성인의 도와 어긋나게 됩니다. 이러다간 결국 교화의 방편은 쇠퇴하고 총림은 무너지고 말 것입니다."

주
:

1   『능엄경(楞嚴經)』 권1(T19-109a)
2   3교(三敎) : 당시 만연한 사상계의 대표격인 불교·유교·도교를 가리킨다.
3   4고서(四庫書) : 당나라 때 관에서 서적을 경(經)·사(史)·자(子)·집(集)으
    로 분류해 각각 따로 보관했던 것에서 유래한 말이다. 곧 수많은 전적
    을 말한다.

12

○

『벽암록』으로 깨달음의
증표를 삼을 수 있습니까?

●

어떤 이가 물었다.

"종문에 『벽암집(碧岩集)』이라는 책이 있습니다. 원오극근(圜悟克勤)[1] 스님이 협산(夾山)에 머무를 때 설두(雪竇)스님의 송고(頌古)를 취해 강요(綱要)를 나눠 배열하고, 말씀을 해설하여 만든 책입니다. 그 책의 설명은 세밀하고도 분명합니다. 풍부하고 유려한 것으로 말한다면 보석함을 열자 명주(明珠)와 패옥(貝玉)이 수북이 쌓인 것과 같고, 그 충만함이 넘치는 것으로 말한다면 황하의 상류인 우문(禹門)을 가로막아 역류가 소용돌이치며 물결이 출렁이는 것과도 같습니다. 정말이지 매우 위대한 책입니다. 법을 깨달아 자유로운 자가 아니고서는 근처에도 가지 못할 내용입니다. 그러다 참선하는 사람들이 모두 그 책을 사다리 삼아 깨달음을 얻으려 하자 이 사실을 원오스님의 제자인 묘희(妙喜)스님[2]이 알게 되었습니다. 그리하여 책에 얽매어 배우는 사람들이 근원으로 돌아오는 것을 혹시나 잊어버릴까 염려해 민(閩) 땅에 있던 판각(板刻)을 부숴버렸습니다. 지금 전국 선원에서 다시 이 책을 간행하는데, 이것은 말세에 배우는 자들에게 쓸데없이 천착만 더해 주는 것이 아니겠습니까?"

나는 말했다.

"아닙니다. 중생들에게는 각각 자기에게 현성공안(現成公案)[3]이 하나씩 있습니다. 부처님도 영산(靈山)에서 49년 동안 설법하시며 이것을 일일이 다 설명하지 못하셨고, 달마대사도 서쪽으로부터 만 리 길을 왔지만 이것을 일일이 지적하지 못했습니다. 또한 덕산스님과 임제스님 역시 이것을 다 찾아내지는 못했습니다. 그러니 설두스님이 어찌 이것을 다 송(頌)할 수 있으며, 원오스님이 이것을 다 해설할 수 있었겠습니까? 가령 『벽암록』이 백천 만 권이 있다한들 현성공안 하나를 더하거나 덜 수 있겠습니까? 묘희스님이 이런 이치를 확실히 알지 못하고 『벽암록』 판각을 쪼갠 것은 마치 석녀(石女)에게 아이를 낳지 말라고 한 것과 마찬가지입니다. 그렇다고 다시 『벽암록』을 간행한 사람들의 행동은 석녀에게 아이를 낳으라고 권유한 것처럼 더 우스운 일입니다."

어떤 이가 말했다.

"그렇다면 각자의 현성공안은 끝내 불조의 언교(言敎)와는 관계가 없습니까? 또 우리들은 무엇을 참고하여 깨달음의 증거를 삼겠습니까?"

내가 말했다.

"참고로 할 것도 없고 증거를 삼을 것도 없습니다. 오직 각자마다 한순간에 빛을 돌이키고 한 걸음 물러나[回光退步] 눈앞의 견문각지(見聞覺知)를 그대로 한꺼번에 뒤엎어버려야 합니다. 그렇게 되면 바람결에 들려오는 폭포수 소리와 비 온 뒤 시냇물 소리가 모두 송고(頌古)인 것을 알게 되고, 텅 빈 산에 진동하는 우레와 대낮에 울리는 자연의 청아한 음향이 모두 해설[判]인 것을 알게 될 것입니다.

하늘은 높고 땅은 넓으며, 밤은 어둡고 낮은 밝은 가운데 만상삼라(萬象森羅)가 정연하게 설법을 하고 있습니다. 이것이 바로 현성공안인 『벽암집』인 것입니다. 비록 백 천의 설두스님과 원오스님이라 해도 언어와 형상의 바깥에 대해서는 절벽을 바라보듯 옷깃을 여밀 것인데 거기다가 으뜸 원(元)자의 한 획인들 붙일 수 있겠습니까? 선배들이 방편을 시설한다는 면에서 어떤 때는 만들고 어떤 때는 부숴버리며, 어떤 때는 금지하고 어떤 때는 장려하였지만 다만 세속의 일반적인 풍속을 따라 그렇게 한 것이라는 점을 그대는 모르고 있습니다. 그대는 『벽암집』이 참선하는 자들을 알음알이에 천착케 하여 스스로 깨닫는 데에 장애가 된다고 말하나 두 스님의 마음을 소급해 추측해 보면 아마도 그렇지는 않을 것입니다. 이것은 마치 세존께서 법계 중생 모두가 여래의 지혜덕상(智慧

德相)을 구비하고 있으면서도 망상과 집착 때문에 증득하지 못하는 현실을 올바른 법안(法眼)으로 환히 관찰하시고는 '내가 성스러운 도(道)로 가르쳐 모든 집착에서 떠나게 하리라'고 하신 것과 같습니다.

성스러운 도 또한 중생 각자에게 구족하였고 언어로 가르칠 수 있는 것이 아니라는 사실을 부처님인들 왜 모르셨겠습니까. 그럼에도 불구하고 듣는 이의 근기에 따라 무려 300여 회나 설법하시며 대(大)·소(小)·편(偏)·원(圓)·돈(頓)·점(漸)·반(半)·만(滿) 등의 가르침이 하루도 입에서 떠난 적이 없었습니다. 그런데도 요즘이나 옛날의 참선하는 자들은 그것이 언어로 표현된 방편인 줄 모르고 참된 법이라 여겨 집착합니다. 그들이 각기 이해한 바에 집착하여 서로 다른 견해를 분분히 내세움으로써 시비(是非)와 능소(能所)가 복잡하게 일어나 결국 일대장교(一大藏敎)와 『벽암집』이 다를 바 없이 되어 버렸습니다. 성인의 가르침도 그러한데 더구나 다른 언어문자는 어떻겠습니까?

그렇기는 해도 언교(言敎)의 장단점을 잘 응용하느냐 못하느냐는 당사자가 자기 일에 얼마나 진지하고 절실한가에 달려 있습니다. 자기의 일에 진지하고 절실하다면 하잘 것 없는 이야기도 생사를 초월하는 약이라는 것을 알게 되는데, 이것은 경전에서 '거위왕은 젖만 가려먹는다'[4]고 한 것과 같습니다. 만일 스승과 제자가 진지하게 자기의 일을 밝힐 수 있고 자기 종문(宗門)의 사활(死活)을 걸머지겠다는 뜻이 있다면, 절대로 문자에 의지해 의미를 깨달으려 하지 말고 깊이 스스로에게 물어 참구해야할 것입니다. 그러면 『벽암집』의 유무에 상관하지 않을 것이니, 더 이상 논의할 것이 무엇이 있겠습니까?"

주
:

1   원오극근(圓悟克勤, 1063~1135) : 속성은 낙(駱) 씨이며 자는 무착(無着)이다. 묘적원(妙寂院) 자성(自省)에게 출가하여 문희(文熙)·민행(敏行)을 따라 경론을 연구하였고, 뒤에 임제종 양기파 오조법연(五祖法演) 선사의 법을 이었다. 불안(佛眼)·불감(佛鑑)과 함께 오조 문하 3불(佛)로 칭해졌다.

2   묘희(妙喜)스님 : 법명은 종고(宗杲, 1088~1163), 자는 대혜(大慧), 호는 묘
    희(妙喜)이다. 속성은 해(奚) 씨이며 선주(宣州) 사람이다. 17세에 출가하
    여 처음에는 조동종 스님들을 섬기다 담당무준(湛堂無準) 선사의 시자
    가 되었고, 담당선사가 입적하자 원오극근 선사를 찾아가 대오하고 분
    좌설법(分座說法)하였다. 우승상(右丞相) 여공(呂公)의 주청에 의하여 자
    의(紫衣)와 불일대사(佛日大師)라는 호를 받았고, 1162년 대혜선사(大慧
    禪師)라는 호를 받았다. 시호는 보각선사(普覺禪師)이다. 저서로『정법안
    장(正法眼藏)』6권을 비롯한『광록(廣錄)』80권이 전한다.

3   현성공안(現成公案) : 조작(造作)하거나 안배(安排)할 것 없이 지금 이 자
    리에 온전히 드러나 있는 공안이란 뜻이다. 목주(睦州)화상은 스님들이
    찾아오는 것을 보자마자 "현재 온전히 공안이 드러나 있다. 너에게 때
    릴 30방망이를 용서해준다."고 말씀하셨다고 한다.『운문광진선사광록
    (雲門匡眞禪師廣錄)』(T47-547a)

4   "鵝王擇乳."『위산록』·『앙산록』등 여러 선적에서 "거위왕은 젖만 가려
    먹으니, 본바탕이 오리와는 다르다[鵝王擇乳 素非鴨類]"라는 말이 거론되
    고 있다.『출요경(出曜經)』권25 「악행품(惡行品)」(T4-742b)에 부처님이 예
    화를 드는 내용 중에 "학이 젖을 가려 먹는다"는 내용이 있다. 학을 기
    를 때 젖에 물을 타서 먹이는데 학은 콧구멍으로 기운을 뿜어서 물과
    젖을 둘로 갈라놓고 젖만 먹는다고 하였다.

13

○

선사들도 계율을
지켜야 합니까?

●

어떤 이가 물었다.

"고봉(高峰)스님[1]께서 제자들에게 수계(受戒)할 때에 손가락을 태우게 했다는데 제방(諸方)에서 이것을 이상하게 생각지 않는 이가 없었습니다. 정말 고봉스님이 그랬습니까?"

내가 말했다.

"나 또한 그런 소문을 직접 듣고 스님께 여쭤보았습니다. 그랬더니 스님께서 말씀하셨습니다.

'이상할 것 없다. 저들이 방편임을 알지 못해서 그런 것이다. 달마대사가 홀로 전하신 마음을 바로 가리켜 성품을 보게 하는 선은 문자(文字)도 사용하지 않는데 무슨 계(戒)를 주고받을 게 있음을 난들 어찌 모르겠느냐? 달마스님이 계율을 말씀하지 않은 데에는 두 가지 이유가 있다. 첫째는 근본 종지(宗旨)만 투철히 관찰하게 하려고 그랬던 것이고, 둘째는 제자들을 믿었기 때문이다.

첫째 근본 종지만 투철히 관찰하게 했다는 것은 달마스님은 오로지 부처님의 심인(心印)을 전하는 것으로써 종을 삼았다는 뜻이다. 오직 바로 가리키는 것에만 힘을 기울여 단 한 번에 훌쩍 깨달음의 자리에 그대로 들어가게 했을지언정, 대소 2승의 단계를 차례차례 거치도록 하지는 않았던 것이다. 그 종지가 이와 같으니 계율을 말하면 벌써 종지에 위배되는 것이다.

또 제자들을 믿었다는 뜻은 이렇다. 달마스님 문하에는 모두 상근기의 인재들만 모였었다. 숙세에 반야의 종지를 익히고 최상승(最上乘)의 근성을 갖추지 않은 사람은 섞일 수가 없었다. 그들은 이미 계정혜(戒定慧) 3학(三學)을 닦았기 때문에 다시 계율을 수지하라고 말할 필요가 없었다. 그러므로 달마스님 당시에는 계율을 지키라고 말하지 않아도 잘 지켜졌던 것이다. 달마스님이 굳이 계율을 지키라고 강조하지는 않았지만 고의로 계율을 어기는 제자는 누구도 없었다. 달마스님 이후로 대승의 근기와 성품을 갖춘 선사들이 천지 사방에서 구름처럼 일어나고 바닷물이 용솟음치듯하였다. 달마스님때부터 계속하여 계율을 말하지 않았던 것은 종지로 볼 때 너무도 당연한 것이었다.

그러나 애초에 계율을 지키지 않고 부처님의 심종(心宗)을 전수했다는 소리는 아직 들어본 적이 없다. 옛날 자수화상(慈受和尙)[2]은 종문(宗門)의 빼어난 지도자로서 법문할 때마다 제자들이 계업(戒業)을 잘 지키는 것을 극도로 칭찬하였다. 또 진헐화상(眞歇和尙)[3]은 '권발보리심대회(勸發菩提心大會)'를 개최하여 사부대중에게 계율을 권장하고 선양하였다. 이 두 스님은 모두 점진적인 방편을 사용하신 분들이다. 또 옛날 담당무준(湛堂無準) 스님[4]이 양산승(梁山乘) 스님[5]을 찾아뵙고 인사하자 승스님이 어린 사미[驅烏]가 계도 받지 않고 감히 불법을 배우겠단 것이냐고 말씀하셨다. 그러자 담당 스님이 합장하고, 계 받는 장소가 계인가요, 아니면 삼갈마(三羯磨)와 청정한 아사리(阿闍梨)가 계인가요, 라고 하였다. 승스님이 깜짝 놀라며 기이하게 여기자 담당스님은, 그렇긴 하나 감히 계를 받지 않아서야 되겠습니까, 하고 곧바로 강안율사(康安律師)에게 찾아가 구족계(具足戒)를 받았다고 한다.

예로부터 선가(禪家)에는 계율에 대한 말이 아주 많으니, 너무 많아 일일이 다 거론하지도 못한다. 이로 볼 때 계를 받는 것이 어찌 달마의 종지에 어긋난다며 이상하게 여기겠느냐? 이른바 방편이란 상황에 알맞게 운영해야 이치에 도움이 된다는 것을 알 수 있다. 그러니 조금도 이상하게 여기지 말라.

돌이켜보면 내가 처음 대중생활을 할 때는 개경(開慶)·경정(景定)[6] 연간이었다. 그때도 정자사(淨慈寺)·쌍경사(雙徑寺) 같은 절은 대중의 수효가 400에서 500을 넘었다. 그 절의 주지스님은 말할 것도 없고 대중 가운데 한 사람이라도 술을 마시면 항상 술을 마시는 것도 아닌데 마을 사람들이 모두 꾸짖을 정도였다. 가끔 술을 마신 것을 제외하고는 다른 잘못을 저질렀단 말을 들어본 적이 거의 없었다. 그러나 지금은 위에서 아래까지 모두가 방탕하면서도 돌이킬 줄 모르고 피하고 거리끼는 것이 없는 듯하다.

옛날 부처님께서는 일반 신자들을 위해 5계(五戒)를 말씀하셨고, 비구들에게는 4분(四分)·승기(僧祇)[7] 등의 계율과 3취정계(三聚淨戒)[8]·구족대계(具足大戒)[9]가 있었다. 그러나 요즘 승려들은 일반 신자가 지키는 계(戒)도 지키지 못하니, 율의(律儀)는 더 말할 것도 없다. 그래서 위산스님도, 행하고 범하는 것을 그치고 지키며 초심을 구속하고 수렴하라[10]고 하셨던 것이다. 처음의 발심은 부처님의 심종(心宗)을 전하는 천릿길의 첫걸음이니, 첫걸음을 내딛지 않고는 천릿길을 갈 수가 없다. 옛사람들은 계율을 지키고 도를 배우는 것이 수행의 근본이라 하였다.

또한 근성(根性)이 느리고 둔해 평생 수행하고도 도안(道眼)이 밝아지지 않으면 계의 힘으로 도념(道念)을 옹호하여 잃지 않게 해야 한다. 그렇게 하면 내세에는 도를 이루기가 쉽다. 계의 중요성을 거론한 경전으로는 『능엄경(楞嚴經)』·『원각경(圓覺經)』을 들 수 있는데, 모두 대승원돈(大乘圓頓)의 중요한 말씀이니 한번 검토해 보라. 거기에 수행의 근본을 계라 하지 않은 곳은 없다. 옛사람도 계는 집터이고 도는 집이니 두 가지가 없다면 이 한 몸 어디에 의탁할까, 라고 하셨다. 이런 까닭에 근기에 맞게 방편을 말한 것인데 또 뭐

146
선을 묻는 이에게 …

가 이상하단 말이냐? 사람들에게 계율을 지키게 하는 것을 이상하게 여긴다면 백장(百丈)스님이 세우신 수많은 위의(威儀)와 예법(禮法), 그리고 일상생활의 빈틈없는 계율도 사람의 본성을 바로 가리킨 달마스님의 종지와 비교하여 이상하다 해야 하지 않겠느냐?[11]

어떤 사람은 대중이 한곳에 모여 살면서부터 총림에 하루도 예법이 없어서는 안 되게 되었다며 예법의 세세함을 비난하기도 한다. 그러나 이것은 계율이 총림 예법의 근본이라는 것을 제대로 이해하지 못해서 하는 말이다. 근본 없이 지엽(枝葉)만 존재할 수는 없다.

아아! 도체(道體)를 잃으면 계의 힘이 소멸하고, 계의 힘이 소멸하면 총림의 예법도 잃게 되는 것이다. 그러고도 어찌 천하의 인심을 다시 도(道)로 돌아가게 하겠느냐? 그러니 내가 지금 제자들에게 계율을 주는 게 뭐가 이상하다 하겠느냐.'

이것은 모두 돌아가신 스승의 진실한 말씀입니다. 그대가 질문하기에 나도 모르는 사이에 많은 소리를 지껄였습니다. 저를 그저 말하기 좋아하는 사람이라 하지는 마십시오."

주
:

1   고봉(高峰)스님 : 원나라 때 임제종 양기파 스님으로 법명은 원묘(原妙, 1238~1295)이다. 15세에 출가하여 앙산조흠(仰山祖欽) 선사의 법을 이었 으며, 1279년 천목산(天目山) 서봉(西峰)으로 들어가 사자암(獅子巖)에서 홍법에 힘썼다. 『선요(禪要)』로도 불리는 『고봉대사어록(高峰大師語錄)』 이 잘 알려져 있다. 『산방야화』의 저자 천목중봉 화상의 스승이다.

2   자수화상(慈受和尙) : 운문종 스님으로 법명은 회심(懷深, 1077~1132)이며 속성은 하(夏) 씨이다. 장로숭신(長蘆崇信) 선사의 법을 이어 혜림사(慧林 寺)에서 홍법하였다. 『자수심화상광록(慈受深和尙廣錄)』이 전한다.

3   진헐화상(眞歇和尙) : 조동종 스님으로 법명은 청료(淸了, 1089~1151)이다. 단하자순(丹霞子淳) 선사의 법을 이어 숭선현효사(崇先顯孝寺)에서 종풍 을 선양하였다.

4   담당무준(湛堂無準) 스님 : 임제종 황룡파 스님으로 담당은 자이고, 법명 은 무준(無準) 또는 문준(文準, 1061~1115)이라 한다. 늑담극문(泐潭克文) 선사에게 참학하고 법을 이었다.

5   양산승(梁山乘) 스님 : 담당선사가 참학하던 시절 찾아뵈었던 스님 중 한 분으로 전기는 불분명하다. 여기에 소개된 기사는 『속전등록(續傳燈 錄)』 권22(T51-617b) 등에 수록되어 있다.

6   개경(開慶)·경정(景定) : 남송시대의 연호로서 개경은 1259년, 경정은 1260년부터 1264년까지이다.

7   4분(四分)·승기(僧祇) : 『사분율(四分律)』과 『마하승기율(摩訶僧祇律)』을 말한다.

8   3취정계(三聚淨戒) : 특별히 계목이 정해져 있는 계율은 아니다. 계율의 목적과 근본 취지를 밝힌 것으로서 대승·소승의 온갖 계법이 다 이 가 운데 포섭되므로 섭(攝)이라 하고, 그 계법이 본래 청정하므로 정(淨)이 라 한다. 세 가지란 곧 섭율의계(攝律儀戒)·섭선법계(攝善法戒)·섭중생계

(攝衆生戒)이다.

9 구족대계(具足大戒) : 구족계(具足戒)·구계(具戒)·대계(大戒)라고도 한다.
정식 수행자인 비구와 비구니가 반드시 받아 지켜야 할 계법을 말한다.
비구는 약 250계, 비구니는 약 348계가 있다.

10 "止持作犯束斂初心." 섭선법계(攝善法戒)에서는 선을 그치는 것이 곧 범
하는 것이고, 선을 행하는 것이 곧 지키는 것이다. 섭율의계(攝律儀戒)에
서는 악을 그치는 것이 곧 지키는 것이고, 악을 행하는 것이 곧 범하는
것이다. 『치문경훈(緇門警訓)』 권1 「위산대원선사경책(潙山大圓禪師警策)」
(T48-1042b)

11 백장회해(百丈懷海) 선사는 선원생활의 제반 규율을 제정한 『백장청규
(百丈淸規)』를 지었다.

14

○

수행과 신통력은
어떤 관계가 있습니까?

●

어떤 이가 물었다.

"불보살은 모두 신통(神通)을 갖추셨는데 이것은 수행하여 증득[修證]한 것입니까?"

내가 말했다.

"신통력(神通力)은 수행해서 얻을 수도 있고 그렇지 않기도 합니다. 신통은 불보살이 구원겁(久遠劫) 동안 4무량심(四無量心)[1]과 6바라밀(六波羅蜜)[2]을 닦고 갖가지 선행(善行)을 순수하게 닦아 생긴 능력입니다. '신통은 수행을 통해 얻는다'고 말한 뜻은 위와 같은 갖가지 수행을 하지 않으면 신통을 얻지 못한다는 것입니다. 그리고 '수행을 통해 얻는 것이 아니다'라고 한 뜻은 불보살이 수행한 바라밀과 공덕은 신통을 얻으려는 목적에서 행한 것이 아니라는 뜻입니다. 신통은 대자대비로 훈습된 마음이 자기의 원행(願行)에 뿌리박혀 저절로 얻어진 것입니다. 가령 불보살이 구차하게 신통을 구하고자 한순간이라도 생각했다면 처음부터 이 한 생각이 장애가 되어 모든 선행을 다 수행해도 결국 유루(有漏)의 인(因)이 될 뿐입니다. 그렇게 하고서 어떻게 자재한 해탈변화(解脫變化)의 신통을 얻겠습니까?

혹 부처님의 심종(心宗)과 인위적인 조작이 없는 원행(願行)에 계합하지 못했더라도 그 밖에 2승(二乘)의 소과(小果)로부터 외도(外道)에게도 신통 변화가 있습니다. 그러나 그것은 신통이 아니라 요술로서 단순한 변화일 뿐입니다. 요술은 모두 작위적(作爲的) 사유(思惟)에 의해 얻어진 것이므로 괴이한 것을 나타내 중생을 현혹하는 생멸(生滅)의 인(因)일 뿐입니다. 하지만 불보살이 대자대비로 훈습된 마음을 내어 인위적 조작 없는 원력으로 발현한 신통은 법성(法性)과 같습니다. 불보살은 털구멍 하나에서도 백 천의 광명과 백 천의 장엄구(莊嚴具)를 드러내어 법계를 채우고, 중생들이 좋아하는 것을 모두 얻게 할 수 있습니다.

그러나 불보살의 해탈한 마음속에는 신통력을 가졌다는 생각이 없고, 또 신통을 나타내겠다는 생각도 없으며, 그 신통력에 의지하는 중생들에게 복을 주겠다는 생각도 하지 않습니다. 이런 점을 어떻게 알 수 있겠습니까? 법성은 평등하여 일이(一異)·자타(自他)·능소(能所)의 차별이 없으므로 신통 또한 그러한 차별이 없으리란 것을 알 수 있습니다."

어떤 이가 말하였다.

"불보살의 신통력이 결코 닦아 얻는 것이 아니라고 해서는 안 됩니다. 닦아 얻는 것이 아니라면 수행하지 않는 범부에게는 왜 신통력이 없습니까?"

내가 말했다.

"범부라고 해서 그의 법성에 신통이 없는 것은 아닙니다. 그러나 범부와 축생들은 모두 몽매하여 그것을 스스로 알지 못할 뿐입니다. 범부는 인위적인 조작이 없는 원행(願行)으로 바라밀을 행하지 않기 때문에 장엄한 신통력이 나타나질 않습니다. 앞에서 말하지 않았습니까? 불보살은 인위적인 조작이 없는 대자대비한 마음으로 원행을 실천했기 때문에 신통을 얻은 것이지 일부러 신통을 구하는 것이 아닙니다.

예를 들어 세상에 열 가지 대악업(大惡業)³을 짓고도 참회하지 않는 중생이 있다고 합시다. 이 사람은 생명이 끝나면 그 업력(業力) 때문에 곧바로 지옥으로 떨어져 갖가지 괴로움을 받게 됩니다. 이 사람이 악업을 지은 것은 단지 미망(迷妄)한 마음이 생겨 제멋대로 지은 것이지, 업이 익으면 반드시 지옥에 들어가리라는 사실을 알면서 그런 것은 아닙니다. 지옥이란 자성(自性)도 없고 실다운 법도 없는 것입니다. 지옥은 바로 자신의 허망한 업 때문에 생긴다는 것을 분명히 알아야 합니다. 이와 같이 불보살의 해탈 신통도 자성이 없으며 실다운 법이 없습니다. 그것은 모두 계정혜와 바라밀이 익어서 찾아오는 결과이니, 다시 무엇을 더 의심하겠습니까?"

주
:

1 4무량심(四無量心) : 수많은 중생들에게 끝없이 일으키는 네 가지 마음이다. 한량없는 중생에게 즐거움을 주려는 마음인 자무량심(慈無量心), 한량없는 중생의 고통을 없애주려는 마음인 비무량심(悲無量心), 한량없는 중생을 기쁘게 하려는 마음인 희무량심(喜無量心), 한량없는 중생을 평등하게 여겨 원친(怨親)의 구별을 두지 않는 마음인 사무량심(捨無量心)이 네 가지이다.

2 6바라밀(六波羅蜜) : 생사의 고해를 건너 열반의 저 언덕에 이르는 여섯 가지 방편이다. 즉 보시바라밀(布施波羅蜜)·지계바라밀(持戒波羅蜜)·인욕바라밀(忍辱波羅蜜)·정진바라밀(精進波羅蜜)·선정바라밀(禪定波羅蜜)·지혜바라밀(智慧波羅蜜)이다.

3 열 가지 대악업(大惡業) : 살생(殺生)·투도(偸盜)·사음(邪婬)·망어(妄語)·양설(兩舌)·악구(惡口)·기어(綺語)·탐욕(貪欲)·진에(瞋恚)·사견(邪見)의 열 가지를 말한다.

15

○

요즘 스님들에게는
왜 신통력이 없습니까?

●

어떤 이가 물었다.

"서천(西天)의 27조사(二十七祖師)는 모두 신통력이 있었으며 달마대사 역시 신통력이 있었다고 합니다. 그런데 달마대사 이후에는 왜 신통력을 가진 스님이 없었습니까? 한두 분 있었다는 소문을 듣긴 했지만 자주 듣지는 못했습니다."

내가 말했다.

"인도(印度)의 외도(外道)도 다 인위적인 사유에 의한 신통변화를 부릴 수 있었다고 합니다. 그래서 부처님이 처음으로 법의 등불을 전하시면서 세간을 비추실 때는 신통력을 부리지 않고는 그 외도들을 제압할 수 없었습니다. 인도 땅에서는 응화(應化)하신 불보살들이 조사(祖師)의 몸으로 화현하여 불법을 전수하셨습니다. 달마대사 같은 분은 관음보살의 응신이라고 합니다. 달마대사 이후 한 두 분 신통력을 갖춘 스님이 출현한 것은 바른 가르침을 드날리도록 도운 것뿐입니다. 그러나 신통을 갖추지 못한 사람들은 부처님의 심종(心宗)을 깨달으려고만 노력했습니다. 부처님의 심종은 백천삼매와 갖가지 신통의 씨앗입니다. 어찌 원인 없이 드러나는 과보가 있겠습니까? 진실하게 마음을 깨달은 사람은 어쩌다 자신에게서 신이(神異)함이 발생하여도 그 자리에서 제거해 버립니다. 그들은 그것을 기이하게 여기지도 않고 자랑하지도 않습니다. 만일 그것을 기이하게 여기다가는 본심을 잃게 됩니다. 깨달은 사람도 신이함을 자랑하지 않는데 깨닫지 못한 사람이야 말할 것이 있겠습니까. 요즘 사람들이 올바른 깨달음은 구하지 않고 한 생각 신통삼매(神通三昧)만 얻으려는 생각을 일으킨다면 그들은 불자가 아니고 외도의 권속입니다. 그들은 깨달음의 씨앗[正因]을 영원히 잃게 될 것입니다.

또 어떤 사람은 '옛스님들은 신통을 전수하셨는데 중국에 와서 기이한 것을 말한다고 꾸중을 들을까봐 전수가 끊어졌다'고도 합니다. 그러나 이 말은 자신을 미혹시킬 뿐 아니라 다른 사람까지 미혹시키는 말이니, 어찌 지극한 도리라 하겠습니까?"

천목중봉 스님의
산방야화·하

01

○

도대체 앎[知]이란
무엇입니까?

●

어떤 이가 앎[知]에 대해 물었다.

"저는 반평생 학문을 닦아 불조(佛祖)의 언교(言敎)를 섭렵했습니다. 책을 마주하면 언제나 늘 아는 것 같았습니다. 그러나 감각적인 자극에 초연하지 못하고 애증(愛憎)의 감정을 억제하지 못하는 이유는 무엇 때문입니까?"

내가 말했다.

"그대는 앎[知]을 개괄적으로 설명하긴 했지만 핵심을 찌르지는 못했습니다. 앎에는 영지(靈知)도 있고 진지(眞知)도 있으며 망지(妄知)도 있습니다. 영지는 바로 도(道)이고, 진지는 곧 깨달음[悟]이며, 망지는 즉 알음알이[解]입니다. 앎이라는 측면에서는 모두 같지만 나눈다면 하루와 영겁(永劫)처럼 엄청난 차이가 납니다. 참선하는 사람이 이치는 헤아려 보지 않고 대충 알고서 허망한 집착을 내고 시비를 일으키는데 이는 도의 근원을 흐려 놓는 것일 뿐만 아니라 자기 자신마저 매몰시키는 짓입니다.

배휴(裴休, 797~870)[1]가 '혈기(血氣)가 있는 생명체에게는 반드시 앎[知]이 있고 그 앎은 바탕이 똑같다'[2]고 했는데, 이것은 바로 영지(靈知)를 말한 것입니다. 영지는 범부와 성인, 미혹과 깨달음에 관계없이 조금도 차이가 없는 앎입니다. 이것은 본래부터 마음 바탕에 넉넉히 갖추어진 것으로서 더하거나 덜어낼 수 없는 것입니다.

『화엄경』에서 '일체의 법 그대로가 마음의 자성임을 알면 남의 깨달음을 의지하지 않고 지혜의 몸을 성취한다'[3]고 하였고, 『원각경』에서 '헛꽃인 줄 알았다면 바로 윤회가 없으리라'[4] 하고 '허깨비인 줄 알면 곧 여의는 것이니 방편을 쓸 필요가 없다'[5]고 하였습니다.

이 말은 진지(眞知)는 단적으로 깨달아 들어가야 한다는 것입니다. 미혹의 구름이 활짝 걷혀 사량분별이 뚝 끊기고 알음알이를 내지 않으면서 마치 무슨 일을 오랫동안 잊었다가 문득 기억해내듯이 해야 합니다. 그러면 그 순간 해탈하여 모든 것이 다 진실해집니다. 그런 경우가 아니라면 나머지는 결코 우연히 될 리가 없습니다.

또 『원각경』에서 '중생은 알음알이가 장애가 되지만 보살은 깨달음을 떠나지 않는다'[6]고 하였습니다. 또 '말세 중생이 성도(成道)하기를 바라거든 깨달음을 구하지 말라. 그것은 다문(多聞)만 더하고 아견(我見)만 키울 뿐이다'7라고 하였습니다. 이것은 모두 망지(妄知)를 통해 깨달으려는 것을 통렬히 지적해 말한 것입니다. 망지로는 지극한 이치를 궁구하고 성품을 밝혀 종일토록 폭포수 같은 변론을 쏟아놓는다 해도 변론한 내용과 더불어 변론한다는 자체까지도 모두 미혹입니다. 따져볼 것도 없이 이미 그 이전에 미혹되어 버린 것입니다.

그러므로 석가모니부처님께서는 설산(雪山)에서 깨달은 그림자만 보이시고, 최후로 백만 대중 앞에서 한 송이 꽃을 들어 깨달은 이치를 나타내신 것입니다. 조사들이 제자들을 가르치는 방법이 서로 동일하지는 않았으나 가까이하면 불무더기와 같았고, 살에 닿으면 태아(太阿)의 검8처럼 날카로웠으며, 들으면 우레처럼 우렁차고, 마시면 독약처럼 무서웠습니다. 이처럼 어묵동정(語默動靜)하는 사이에 끝내 학인들에게 지름길을 제시해주었다는 흔적을 남기지 않은 데에는 다 까닭이 있었습니다.

종문에서는 깨달았다는 자취를 용납하지 않았으며, 또한 그것을 법이라는 티끌[法塵]이라 비난하고 견해의 가시[見刺]라고 배척하였습니다. 종문에서는 미혹과 깨달음을 둘 다 잊어버리고 신령한 근원에 젖어든 다음에야 그렇게 하였습니다. 혹 그런 경지에 도달하지 못했다면 자기가 아는 것으로 걸핏하면 허망을 드러내는 것이니, 이는 앞 못 보는 이가 횃불을 들고 대낮에 길을 다니는 것과 같습니다. 이렇게 하는 것은 길을 밝히는 효과도 없을 뿐 아니라 계속 횃불을 들고 있다가는 손마저 태우게 될 것입니다.

　나 역시 진지(眞知)에 어두운 사람으로서 망지(妄知)를 쓴다는 비난을 벗어나지 못할 것입니다. 다만 그대의 질문에 이렇게 대답함으로써 나 자신을 경책했을 뿐입니다."

주
:

1   배휴(裴休, 797~870) : 당나라 때 거사로 자는 공미(公美)이다. 규봉종밀
    (圭峰宗密) 선사와 방외의 벗으로 지냈으며, 황벽희운(黃檗希運) 선사를
    임지인 용흥사(龍興寺)와 개원사(開元寺)로 초빙하여 조석으로 문안하
    며 선법을 참구하였다. 『권발보리심(勸發菩提心)』을 짓고 각종 경론에 서
    문을 썼으며, 황벽과의 문답을 기록한 『전심법요(傳心法要)』가 전한다.

2   "夫血氣之屬必有知 凡有知者必同體." 『원각경약소서(圓覺經略疏序)』
    (T39-523b)

3   "知一切法 即心自性 成就慧身 不由他悟." 『대방광불화엄경(大方廣佛華
    嚴經)』 「범행품(梵行品)」(T10-88c)

4   "知是空花 即無輪轉." 『원각경(圓覺經)』(T17-913b)

5   "知幻即離 不作方便." 『원각경(圓覺經)』(T17-914a)

6   "衆生爲解礙 菩薩未離覺." 『원각경(圓覺經)』(T17-917b)

7   "末世衆生 希望成道 無令求悟 唯益多聞 增長我見." 『원각경(圓覺經)』
    (T17-920a)

8   태아(太阿)의 검 : 명검의 이름이다.

02

○

세상사가 수행에
방해가 됩니까?

●

어떤 이가 물었다.

"번뇌라는 두 글자는 세속에서 쓰는 말입니다만 그 근원[因]은
무엇이며 그 뜻[義]은 무엇입니까?"

내가 말했다.

"미망(迷妄)이 바로 번뇌의 근원이고, 물들여 더럽힌다는 것이
그 뜻입니다. 미망이란 자기의 마음이 미혹되어서 일체의 법은 자
성(自性)이 없다는 사실을 깨닫지 못하는 것입니다. 자성이 없다
는 뜻은 성품(性品)이란 본래 공적(空寂)하여 지견(知見)이 없기 때
문입니다. 자성이 없다는 것을 깨닫지 못해 사람들은 망정(妄情)을
일으키고, 일체의 법을 잘못 인식하여 실제로 있다[實有]고 믿습니
다. 한번 '있다[有]'는 견해에 떨어지면 취사순역(取捨順逆)의 생각이

'나[我]'로부터 일어납니다. 그리하여 자기 생각에 맞으면 사랑하고, 어긋나면 미워합니다. 또한 사랑하면 취하여 받아들이고, 증오하면 버립니다. 이런 상태가 돌고 돌아 심해지면 자기에게 좋으면 기뻐하고, 그렇지 않으면 노한 마음이 생깁니다. 이런 마음이 의식에 속속들이 잠복해 마음대로 날뛰고 아무 때나 생겼다 없어졌다 합니다. 이렇게 되면 5욕(五欲)¹과 7정(七情)²에 얽매이고 생각은 이리저리 날뛰며, 여기에 오염되면 6범(六凡)³이 되고 다행히 물들지 않으면 4성(四聖)⁴이 됩니다. 미혹과 깨달음은 서로 차이가 있지만 번뇌에 얽매인다는 점에서는 모두 한가지입니다.

이렇게 되는 것은 무엇 때문이겠습니까? 본래 청정하고 진실한 성품에는 예로부터 지금까지 증가하거나 감소하거나 얻거나 잃는 법을 하나도 용납하지 않기 때문입니다. 이것은 온 천지에 가득하고, 모든 것을 다 포함하고, 신령하고 분명하여 결코 안주하는 모양[住相]이 없습니다. 중생은 이것을 깨닫지 못하고 걸핏하면 바깥 경계를 좇습니다. 그 무엇에 의지해도 모두 번뇌가 됩니다. 이렇게 되면 성인이니 범부니 가릴 것도 없이 모두 번뇌에 오염되고 말 것입니다.

이와 같은 번뇌는 계율로 다듬어진 몸을 상하게 하고, 선정의 근원을 혼탁하게 하며, 지혜의 거울을 흐리게 합니다. 그 결과 탐욕의 뿌리는 더욱 견고해지고, 분노의 불꽃은 더욱 치솟으며, 어리석음의 구름을 더욱 짙어지고, 악도(惡道)를 열고 선문(善門)을 폐쇄

하며, 업연(業緣)을 돕고 도력(道力)을 소멸시킵니다. 번뇌의 허물은 이 외에도 끝이 없습니다.

요즘 참선하는 이들은 모든 행위가 다 번뇌라 말하면서 자기는 어느 것도 침범하지 않는 곳에서 편안히 살고자 합니다. 조그만 일이라도 자신의 감정을 언짢게 하고 번거롭게 하면 '도력을 소멸시킨다'고 말하며 돌아보지도 않고 떠나 버립니다. 그 기상이야 갸륵하다고 하겠지만 이건 오히려 미혹한 가운데도 더욱 미혹한 사람의 행동입니다. 그런 사람과 함께 도를 의논한다는 것은 불가능한 일입니다. 왜냐하면 번뇌는 미망 때문에 생기는 것이지 결코 세상일에서 나온 것이 아니라는 사실을 반조하지 않는 사람이기 때문입니다.

만일 번뇌가 세상일에서 나왔다면 배가 고파도 먹지 말아야 하고, 추워도 옷을 입지 말아야 하며, 비바람과 눈보라 속에서도 따뜻한 집을 그리워하지 말아야 하고, 길을 가도 남이 닦아 놓은 길로는 가지 말아야 할 것입니다. 그러나 그렇게 하다가는 머지않아 죽게 될 것이 분명합니다. 정말로 이와 같이 한다면 먹는 곡식은 농사를 지어서 나왔고, 걸치는 옷은 베틀에서 만들어졌으며, 사는 집은 건축하고 보수하는 데서 나왔고, 밟고 다니는 도로는 길을 개척해서 만든 것이라는 사실을 전혀 생각지 못하는 것입니다. 가령 사람들이 제각기 세상일을 분담해서 하지 않는다면 살아가는 데 필요한 여러 가지 물품들을 어떻게 얻겠습니까?

또 이것은 바로 지금 도를 수행하는 이 몸이 본래는 없었는데, 부모가 양육해 주신 노력으로 생겼다는 사실을 모르는 것입니다. 더욱이 부모가 어루만지고 안아준 수고로움으로 자랐다는 것도 생각지 못하는 것이라 하겠습니다. 예로부터 도가 광대하고 덕이 구비된 불조(佛祖)께서도 모두 밥 먹고, 옷 입고, 가옥에서 거주하며, 땅을 밟고 걸었다는 것을 생각지 못하는 것입니다. 불조께서는 확연히 깨달은 원만하고 청정한 자심(自心)이 법계에 가득 차 다른 것을 용납하지 않으므로 한 찰나 사이에 팔만 번뇌를 8만 불사(佛事)로 바꾸어 이루셨습니다.

그러므로 영가(永嘉)스님은 '한 법도 보지 않으면 바로 여래이니 비로소 보는 것이 자재한 보살이라 한다'[5]고 하였습니다. 어떻게 자심을 깨닫는 것 외에 다른 법이 있어 번뇌가 되겠습니까? 이 때문에 화엄회상(華嚴會上)의 모든 선지식(善知識)들은 모두 번뇌에 의지하여 보살도(菩薩道)를 실천했고, 보살행(菩薩行)을 닦았습니다. 이것은 장엄한 부처님의 정토에 들어가는 하나의 중요한 관문인 것입니다.

이 점을 분명히 알아야 합니다. 번뇌를 떠나서는 6바라밀도 없고, 번뇌를 버리면 4무량심도 없으며, 번뇌를 떠나서는 성현도 없고, 번뇌가 다하면 해탈도 없습니다. 번뇌는 3세(三世)의 불조와 시방(十方)의 보살들과 가없는 선지식들의 모든 계정혜와 수많은 선공덕(善功德)을 잉태하고 있는 것입니다. 만일 번뇌가 없다면 성현

166
선을 묻는 이에게 …

의 중생구제도 생기지 않았을 것입니다. 그러나 애석하게도 참선하는 자가 이 이치를 분명히 알지 못하고 허망하게 기뻐하고 싫어하는 마음을 내고 있습니다. 번뇌를 가지고 번뇌를 제거하려 들면 더욱 미혹만 증가할 뿐입니다. 성인(聖人)은 이런 중생의 번뇌를 불쌍히 여기셨습니다. 그래서 『능엄경』에는 '나는 손가락을 누르기만 해도 해인(海印)의 광채가 발현하지만 너희들은 마음을 조금만 움직여도 번뇌가 먼저 일어난다'⁶고 하셨습니다. 이 말씀이 어찌 사람을 속인 것이겠습니까?

그러면 어떻게 해야 사람마다 여기에서 성인의 마음에 그윽이 계합하여 번뇌를 그대로 묘용으로 바꿀 수 있겠습니까? 가령 백만이나 되는 공덕행(功德行)으로 번뇌를 씻어내려 하더라도 성인께서는 오히려 쓸데없는 짓이라 꾸짖을 것입니다. 번뇌를 씻어버리려는 것도 꾸짖으시는데 더구나 마음이 옹색하여 올바른 깨달음을 얻으려 하지 않고, 모든 것에 걸림 없다고 입으로만 떠드는 것이겠습니까. 이것이야말로 자기 마음을 속이는 것이 아니고 무엇이겠습니까?"

주
:

1   5욕(五欲) : 욕구의 대상이 되는 색(色)·성(聲)·향(香)·미(味)·촉(觸)의 5
    경(境) 또는 그 5경에 탐착하고 소유하려는 것을 일컫는다. 또 재욕(財
    欲)·색욕(色欲)·식욕(食欲)·명욕(名欲)·수욕(睡欲)을 5욕이라고도 한다.

2   7정(七情) : 일곱 가지 감정. 유학에서 주로 사용하는 용어이다. 희(喜)·
    노(怒)·애(哀)·락(樂)·애(愛)·오(惡)·욕(欲) 또는 희(喜)·노(怒)·애(哀)·
    구(懼)·애(愛)·오(惡)·욕(欲)이라 한다.

3   6범(六凡) : 10계(十界) 중에서 지옥·아귀(餓鬼)·축생(畜生)·아수라·인
    간·천상을 말한다.

4   4성(四聖) : 10계 중 성인의 반열에 드는 성문·연각·보살·불을 말한다.

5   "不見一法即如來　方得名爲觀自在."『영가증도가(永嘉證道歌)』(T48-
    396c)

6   "如我按指海印發光　汝暫擧心塵勞先起."『능엄경(楞嚴經)』권4(T19-
    121b)

03

○

주지의 소임은
무엇입니까?

●

어떤 이가 물었다.

"스님의 도는 온 세상에 널리 알려져 사람들이 대체로 좋아하는 편입니다. 그런데 스님께서는 왜 시절인연을 따라 한 절의 주지 소임을 맡아 힘닿는 대로 교화를 펼쳐 불조께서 세우신 심법(心法)을 널리 펴려 하지 않으십니까? 편안히 작은 절개를 지키며 고집스럽게 돌이키지 않고도 불법 안에서 죄인이 되는 것을 면할 수 있습니까?"

내가 말했다.

"생각지도 않은 명성을 얻어 매일같이 이런 질문을 받고 있습니다. 그러나 내 마음에 부끄러움이 없는 까닭은 그런 요청에 설명할 이유가 있기 때문입니다. 가령 정말로 사람을 위할 도가 있으면서도 고상한 절개를 보전하려고 굳게 그것을 지키며 아무 일도 하지 않는다면, 불법 가운데 죄인이 된다는 질책을 벗어날 수가 없습니다. 그러나 사람을 위할 법이 실제로 없는데도 시세를 타고 명예를 얻으려고 억지로 이치를 어그러뜨린다면 죄인이라는 낙인을 면할수 있을지 없을지 모르겠습니다. 만일 면하지 못할 경우의 죄는 굳게 절개만 지키며 아무 일도 하지 않은 것보다 몇 배나 무거울 것입니다. 나는 이 이치를 약간은 알고 있습니다. 그래서 구태여 외람된 일을 하지 않는 것입니다.

그대가 말한 주지(住持)의 직책에 필요한 덕목을 생각해 본 적이있습니다. 무엇보다 다음 세 가지 능력이 있어야 일을 그르치지 않을 것입니다. 첫째, 주지 소임을 맡은 사람은 도력(道力)이 있어야 하고, 둘째 연력(緣力)이 있어야 하고, 셋째 지력(智力)이 있어야 합니다.

도력은 근본[體]이고, 연력과 지력은 활용[用]입니다. 근본이 있다면 설사 활용이 없을지라도 그런대로 괜찮다 하겠습니다. 이런 경우는 교화하는 방편이 엉성하고 관리기술을 제대로 갖추지 못한 것뿐입니다. 그러나 도의 근본이 이지러진 상태라면 백천 가지 신이(神異)한 방편이 있어 도와주려 해도 점점 더 맞아떨어지질 않습니다. 비록 연력과 지력이 있다 해도 소용이 없습니다. 더구나 근본과 활용이 모두 없는데도 외람되게 주지의 소임을 맡는다고 합시다. 인과의 법칙이 없다면 애기할 것도 없겠습니다. 그러나 그렇지 않다면 주지 자격이 없으면서 속 편하게 그 소임을 맡겠습니까?

나는 불조의 도를 깨달아 증득하지 못했습니다. 평소에 내가 했던 말과 글은 단지 믿고 이해한 것뿐입니다. 옛사람은 일단 종지를 얻은 후에는 다시는 자신의 고생을 두려워하지 않았습니다. 2, 30년 동안 부목이나 공양주로 있으면서 깨달은 자취를 물리치고 증오(證悟)한 이치도 씻어버리려 하였습니다. 그런 뒤에는 진(眞)에 들어가든 속(俗)에 들어가든 한 법도 마음에 나타나지 않았습니다. 즉 그의 온몸이 날카로운 칼이나 오랫동안 닦은 거울과 같아서 기연(機緣)에 머무는 법이 없고 군더더기 말도 없었습니다. 위엄스럽게 수만 대중 위에 군림하면서도 자신이 존귀한 줄도, 영화로운 줄도 의식하지 못했습니다. 이와 같음을 갖췄다 하더라도 혹 인천(人天)의 안목(眼目)을 만난다면 뒤로 물러나야 욕됨이 없습니다. 이 경지를 어찌 미혹한 견해를 벗어나지 못한 자가 흉내 낼 수 있겠습니까?

깨달아 증득한 자취를 살펴볼 때, 혹시라도 번뇌를 모두 씻어 버리지 못했다면 주관과 객관을 나누는 견해[能所之見]가 걸핏하면 어지럽게 일어납니다. 주관이니 객관이니 하는 것은 모두 미혹한 견해[情見]입니다. 깨달아 증득한 자취도 마음에 간직해서는 안되는데 하물며 순전히 믿고 이해한 미혹한 견해겠습니까. 지극한 도의 근본은 가까이하면 할수록 멀어집니다. 또 자신도 아직 도에 회합하질 못했는데, 어떻게 다른 사람을 도와 하나가 되게 하겠습니까? 여기에 걸려 있는 나로서는 스스로를 앞세울 수 없으므로 감히 망령되게 큰 평상에 앉아 도를 널리 펴는 스승이라고 자칭하지 않는 것입니다."

객승이 말하였다.

"분명히 그렇게 말씀하신다면, 고금에 즐비하게 들어선 사찰에는 주미불자(塵尾拂子)를 잡은 큰스님들이 지금껏 끊어지질 않았습니다. 어찌 그분들이 모두 정말로 그 근본과 활용을 잃지 않은 분들이겠습니까?"

내가 말했다.

"질문이 무척 자세합니다. 그러나 그대는 '각자의 삼매(三昧)는 남이 알지 못한다'는 말을 들어보지 못했습니까? 알지도 못하면서 옳고 그름을 논한다면 내 허물만 커지지 않겠습니까?"

이 말에 객승이 나와 마주보고 한바탕 웃었다.

04
○

명예욕의 본질은
무엇입니까?

●

어떤 이가 물었다.

"저는 반평생이나 한적하고 조용한 도량에서 수행을 했는데도 명성과 영리의 세계로 감정이 쏠리고 있습니다. 그래서 나를 돕지 않는다고 조물주만 원망하던 차에 주지의 소임을 맡게 되어 기쁘게 이를 따랐습니다. 그러나 그 주지라는 직책을 걸머진 후로는 도리어 그전보다 편치 못합니다. 왜냐하면 모든 일의 잘잘못과 여러 대중들의 기쁨과 노여움이 모두 제 마음으로 모여들기 때문입니다. 더구나 조금이라도 생각에 빈틈이 생기면 재앙과 욕됨이 몰려들곤 합니다. 과연 옛날 불조들께서도 이러셨습니까?"

내가 말했다.

"그대는 소임을 맡은 그 순간부터 따짐[責]이 시작된다는 것을 생각지 못했습니까? 세상의 모든 이름은 까닭 없이 문득 생겨나지 않습니다. 모두 진실이 있어서 생기는 것입니다. 진실과 명칭의 관계는 물체를 따르는 그림자와 같고, 옷감으로 옷을 만드는 것과 같고, 식량으로 밥을 짓는 것과 같습니다. 따진다는 것은 진실을 밝힌다는 말입니다. 이것은 그림자를 가리키면 실제 형체를 찾는 것과 같고, 옷과 음식이라는 명칭을 말하면 반드시 실제 곡식과 비단을 찾는 것과 같은 이치입니다.

그래서 처음 주지라는 소임을 걸머질 때에는 반드시 우선적으로 깨달음의 바른 씨앗[正因]을 지니고 법을 오랫동안 머무르게 할 실다움이 나에게 있는지 없는지 스스로 따져봐야 하는 것입니다. 그런 진실이 없다면 이것은 본체를 떠나 그림자를 좇는 것이고, 곡식과 비단을 버리고 의복과 음식을 논하는 것입니다. 따라서 말이 많을수록 그 진실과는 더욱 멀어지고, 심기(心機)가 촘촘할수록 대용(大用)은 더욱 어긋나고, 반연(攀緣)이 많아질수록 깨달음의 바른 씨앗은 더욱 없어집니다. 이를 빨리 버린다면 그래도 막을 방법이 있지만 그 상태가 계속되면 그 사람은 분명 지옥에 이르고 말 것입니다.

도대체 명예란 무엇이기에 앞 다투어 숭상하는 것이겠습니까? 대부분 사람들은 명예 그 자체보다도 '자기 자신[我]'에게 집착합니다. 내가 있기 때문에 애견(愛見)이 발생하게 되고, 이 애견 중에 가장 심한 것이 바로 명예욕입니다. 그러므로 명예욕은 5욕(五欲) 중에서도 첫째를 차지하고 있습니다.

욕망[欲]이 마음에 깊숙이 들어 있을 때는 아직 미미해서 거의 보이지 않습니다. 그러다 외연(外緣)을 만나 욕심이 움직이면 그때는 그 힘이 강해져 수만 명의 장정도 대적할 수 없고, 수천 명의 성인이 있어도 그것을 제지하지 못합니다. 또한 도끼와 톱으로 위협하고, 뜨거운 가마솥의 형벌이 기다린다 해도 돌아볼 겨를이 없습니다. 하물며 당장에 볼 수 없는 인과를 두려워하겠습니까?

그런데 명예 중에서도 제일가는 명예는 성현(聖賢)과 도덕(道德)이란 명예입니다. 그 다음은 공리(功利)라는 명예이며, 그 다음은 기능(技能)이란 명예입니다. 이로 말미암아 성현이라고 속여 명예를 얻으려 하고, 도덕을 빙자해 명예를 얻으려 하고, 기능을 멋대로 부려 명예를 얻으려 하고, 공리를 훔쳐 명예를 얻으려 하는 것입니다. 진정한 명예는 마음에서 나오는 것인데도 사념(思念)에서 생겨난 망식(妄識)에 매달려 행동거지와 언어에 이르기까지 명예만 얻으려고 힘씁니다. 그러면서도 그 명예의 근본이 되는 진실에 대해서는 고개를 저으며 돌아보질 않습니다. 종일토록 바쁘게 애를 쓰지만 크게 패가망신할 것이 분명합니다.

반면 그러는 사람 중에 더러는 보연(報緣)이 맞아 구하던 것이 우연히 적중하여 훌륭한 명성을 죽은 뒤까지 남기는 사람도 있습니다. 그러나 하루아침 보연이 다하면 지난날의 명예는 도리어 오늘의 치욕이 되고 맙니다. 지난날의 명예가 높을수록 치욕 또한 더욱 심합니다. 그러므로 사실과 부합하지 않는 명예는 패배와 치욕을 가져올 뿐임을 알아야 합니다.

옛 성인들의 거취를 살펴보면, 그분들은 이치의 근원을 꿰뚫어 보고 가슴속에 진실을 간직하여 잠시라도 그것을 잊어버릴까 두려워하였습니다. 따라서 한량없는 세월이 지나도록 지극한 도를 구한 것은 생사(生死)의 마귀를 타파하고 신령한 근원으로 돌아간 진실이었습니다. 6바라밀을 세밀하게 실천하고 4무량심(四無量心)을 널리 베푼 것은 크게 자비로운 마음을 일으켜 대비(大悲)를 열어주신 진실이었습니다. 3백여 차례 반(半)·만(滿)·편(偏)·원(圓)의 가르침을 설했던 것은 중생의 근기에 알맞게 병에 따라 치료하고 지도한 진실이었습니다. 최후에 손수 한 송이 꽃을 들어 보이고 의발(衣鉢)을 음광(飮光, 가섭)에게 부촉한 것은 마음으로 마음에 도장을 찍고 그릇에서 그릇으로 전한 진실이었던 것입니다.

이와 같이 백 천의 훌륭한 수행과 항하강의 모래알만큼 많은 공덕이 참된 깨우침의 자리에서 나오지 않은 것은 하나도 없습니다. 이를 순일한 진실[純一眞實]이라 합니다. 안으로 억지로 하는 인위적인 행위가 없고 밖으로 명예를 사모하는 욕망이 없었으며, 자기 자신을 뽐내지도 않고 다른 사람을 의지하지도 않았습니다. 용감하고 씩씩하게 쉼 없이 진실을 실천하는 올바른 생각만 당연하게 여기셨습니다. 그 성실한 행동이 완전하고 원만했기 때문에 조어사(調御師)·천인존(天人尊)이라든가 우담화(優曇華)·광명장(光明藏)

등과 같은 갖가지 아름다운 호칭과 갖가지 훌륭한 명예들을 기대하지 않았는데도 얻게 된 것입니다. 만일 성인이 외적으로 명예를 흠모하는 마음이 털끝만큼이라도 있었다면 항하 모래알만큼의 세월 동안 온갖 선행을 열심히 수행했다 해도 훌륭한 명성을 얻지는 못했을 것입니다. 뿐만 아니라 도리어 허망을 좇는다는 비난을 면치 못했을 것입니다. 옛사람은 이처럼 진실이 없을까 근심했을 뿐, 결코 명예를 얻지 못할까 근심하진 않았습니다. 그것은 진실이 명예를 부른다는 것을 알았기 때문입니다. 그러므로 천하 고금에 진실이 없으면서 명예를 얻은 경우는 없었습니다.

이른바 주지(住持)가 갖춰야할 진실이란 어떤 진실이겠습니까? 멀리는 예전 부처님의 가르침을 이어받고 가까이는 조사들의 교화방편을 지니며, 안으로는 자기의 진성(眞誠)을 간직하고 밖으로는 인간과 천상의 믿음을 일으켜야 합니다. 총명하다고 추천해서도 안 되고 어리석다고 물러나게 해서도 안 되며, 순종한다고 사랑해선 안 되고 거역한다고 미워해서도 안 되니, 평등하게 모두를 보듬어 차별이 없어야 합니다. 이것이 이른바 부처님을 대신해 교화를 드날리고, 높은 자리에서 스승 대접을 받을 수 있는 진실입니다. 능력이 미치지 못하면 직위에서 물러나 수행해야지 구차하게 머물러서는 안 됩니다. 혹 조금이라도 수단을 써서 진실을 흉내 낸다면 밝은 대낮의 반딧불처럼 전혀 도움이 안 될 것입니다. 성인께서는 진실을 실천해야 한다는 것을 아셨을 뿐입니다. 참된 실상을 실천하는 것 외에 다시 무슨 명예를 생각하셨겠습니까? 이것은 마치 곡식과 비단을 많이 쌓아 두면 의복과 음식이라는 명칭은 걱정하지 않아도 저절로 오는 이치와 같습니다.

총림이 생긴 이래로 주지라는 소임에 대한 아름다운 명예는 마치 허공에 걸린 과녁과도 같았습니다. 총명하고 재능 있는 사람들이 한결같이 필설(筆舌)과 변론의 날카로운 화살을 그 과녁에 쏘았는데, 혹 진실을 돌아보지 않는 자도 있었습니다. 그러고는 과녁을 적중시켰다고 여겼지만 어찌 그렇다고 하겠습니까? 교화가 잘되고 못되고, 법도가 제대로 서고 서지 못하고 하는 것이 명칭에 달렸겠습니까, 진실에 달렸겠습니까? 아마도 여기서 벗어나는 문제는 아닐 것입니다."

05

○

나아가고 물러나는
처신을 어떻게 해야 합니까?

●

어떤 이가 나아가고 물러나는 문제를 물었다.

내가 말하였다.

"4대(四大) 육신 껍데기를 삼계(三界)의 바다 가운데 띄웠으니, 이 것은 마치 드넓은 바다에 떠도는 한 알의 좁쌀과도 같습니다. 그러 니 재빨리 나아가고 용맹하게 물러나는 일을 매일 천만리씩 한다 한들 무슨 소용 있겠습니까? 참으로 좋아하고 싫어하는 감정이 일 정하지 않아 공직에 나아가도 시빗거리가 되고 물러나도 시빗거리 가 됩니다. 사람들은 긴 안목으로 지극한 이치를 살펴보지 못하고, 걸핏하면 시비에 미혹되어 생각나는 대로 일진일퇴할 뿐 전혀 줏 대가 없습니다.

그러나 성현은 그렇지 않으셨습니다. 나아가면 반드시 바른 도

(道)를 펴 사람들을 구제할 생각을 하였으며, 물러나도 여전히 바른 도를 펴 자신의 잘못을 보완할 생각을 하였습니다. 이렇게 나아가고 물러나는 가운데 수백 번 좌절해도 호연한 기상으로 근심이라곤 전혀 없으셨습니다. 어찌 도의 근본자리를 깨닫지 못한 자들과 비교할 수 있겠습니까? 영화를 누리고 총애를 얻으려고 자기한 몸을 위해 일을 꾸미는 자들은 나아갔다 하면 갖가지 업(業)을 짓고 물러났다 하면 마음이 변합니다. 그리하여 꿈쩍하면 시비가 분분하고, 인과가 뚜렷하여 그 과보를 피할 수 없습니다. 도인이라면 어찌 나아가고 물러나는 일을 조심하지 않겠습니까?"

06

○

공(公)과 사(私)는
어떻게 다릅니까?

●

어떤 이가 물었다.

"공(公)과 사(私) 중에 사(私)는 알겠습니다만 공(公)은 무슨 뜻입니까?"

내가 말했다.

"내가 뭐 대단한 사람이라고 감히 그것을 논하겠습니까? 다만 옛사람들에게 들은 바로는 공(公)이란 바로 불조성현(佛祖聖賢)의 본심입니다. 지극히 위대하고 지극히 맑아 늠름하게 홀로 서서 천지로도 그것을 가릴 수 없고, 귀신도 엿볼 수 없는 것입니다. 더 구분해 보자면 공에는 지공(至公)이 있고, 대공(大公)이 있으며, 소공(小公)이 있습니다. 지공은 도(道)이고, 대공은 교(教)이며, 소공은 행정을 잘하는 것[物務]입니다.

옛날 석가모니부처님께서 새벽녘에 샛별을 보고 말씀하시기를 '기이하구나, 모든 중생이 여래의 지혜와 덕상(德相)을 빠짐없이 갖추었구나'[1] 하셨습니다. 여기에서 성인과 범부가 신령함을 동일하게 받았다는 점을 밝히고 무궁토록 전하게 하였습니다. 바로 지공의 도는 여기에 근원한 것입니다. 이윽고 300여 회 동안 상대의 근기와 그릇에 따라 여러 방법으로 가르쳤던 문자와 말씀은 산과 바다처럼 넓었는데, 바로 대공의 가르침이 여기에 근본을 둔 것입니다. 부처님의 교화가 5천축국(五天竺國)[2]을 덮고, 부처님의 광명이 중국 땅에 들어오고 나서는 절의 살림살이가 많아졌습니다. 이것이 바로 소공으로서 살림살이를 잘하는 것입니다.

도가 아니면 교(敎)를 드러낼 수 없고, 교가 아니면 살림살이를 잘할 수 없고, 또 살림살이를 잘 못하고서는 도를 널리 전할 수 없습니다. 이 세 가지는 서로 의존관계에 있는 것으로서 모두 불조성현의 본심에서 나온 공(公)인 것입니다. 하늘이 온 세상을 두루 덮어주고, 땅이 온 세상을 받쳐주며, 바다가 모든 강물을 받아들이고, 봄이 모든 생물을 길러 주는 것은 대단히 지극한 것입니다. 그러나 우리 불조의 공(公)이 지극함과 두루한 것에는 비교가 되지도 않습니다. 그 이유는 무엇 때문이겠습니까? 불조의 도(道)로 말하자면 그 원만함이 삼계를 싸고도 남고, 그 꿰뚫음이 10허(十虛)[3]를 관철합니다. 그러니 어느 한 생명체라도 그것을 깨닫지 못할 까닭이 없습니다. 또 불조의 언교로 말하자면 3승(三乘) 10지(十地)

선을 묻는 이에게 …

와 6도만행(六度萬行) 등의 수행 단계를 자세히 설명해 놓았기 때문에 어느 한 중생도 문에 들어가는 데서 빠지지 않습니다. 살림살이 잘하는 것으로 말하자면 높고 큰 전각을 만들어 강당과 실내를 꾸미고 한 그릇의 밥을 먹을 때도 반드시 종과 북을 울려 저승과 이승의 중생들을 경책하며 은택을 고르게 베풀고 덮기 때문입니다.

사람들이 불조성현의 세계에 들어가지 못하는 이유는 마음속에 공(公)을 간직하지 못했기 때문입니다. 실로 공을 간직하지 못하면 혼자 있어도 근심만 생기고 하는 행동마다 재앙에 빠지고 맙니다. 그리하여 궁색해지면 더욱 어리석어지고, 혹 영달하기라도 하면 죄악만 짓게 됩니다. 그러다 결국 3악도(三惡道)와 6도에 윤회하며 수많은 세월이 흘러도 끝내 스스로 풀려날 길이 없게 됩니다. 이것은 실로 마음에 공을 간직하지 않았기 때문입니다. 이루(離婁)[4]처럼 눈 밝은 사람도 캄캄한 방에서는 헛디뎌 넘어지고 천리를 보는 신비한 눈을 가졌어도 한 치 앞을 볼 수 없는 것과 같습니다. 그래서 성현들께서 차마 교화를 펴지 않을 수 없었던 것입니다.

모든 사람이 안락한 삶을 바라면서도 참된 안락이 공에서 나오는 줄을 모르고 있습니다. 또 복과 지혜는 사람마다 숭상하는 것이지만 복과 지혜의 근본이 곧 공이라는 것을 알지 못하는 듯합니다. 또 사람마다 성현을 우러러보면서도 스스로 성현이 되려면 공이 바로 지름길인 줄은 모르고, 모든 사람이 불조를 공경할 줄 알면서도 불조가 되는 데에 필수가 공인 줄은 모르고 있습니다. 공은 본심과 한 터럭만큼도 간격이 없습니다. 그래서 성인께서는 지공(至公)의 도(道)를 그대로 가리켜 중생의 마음을 밝히고, 대공(大公)의 교(敎)를 베풀어 중생의 마음을 비추고, 소공(小公)에 해당하는 살림살이[物務]를 베풀어 중생의 마음을 바로잡으셨던 것입니다. 마음과 공은 비록 그 명칭은 서로 다르지만 본체는 동일합니다.

그러나 공(公)의 이치는 일시적인 미봉책으로 실현되는 것도 아니고 억지로 되는 것도 아니며 더구나 인위적인 조작으로 되는 것도 아닙니다. 그것은 갖가지 망정과 허위를 떠난 올곧은 도입니다. 아주 진실한 마음만이 이 도에 계합할 수 있으며, 조금이라도 사량분별에 끌려가면 공이 될 수 없습니다. 그래서 성현은 도를 수행할 때 조금도 위의 사실들을 어기지 않았습니다. 마음대로 생각해도 사량분별을 빌리지 않고 지공과 완전히 일체가 되었으니, 드러나기를 바라지 않아도 저절로 드러났습니다.

세속에서 그런 공이 없는 자들은 공이 없는 것이 아니라 자신의 마음을 스스로 속이는 것입니다. 마음은 속일 수 없는 것이라는 사실을 분명히 안다면 움직이든 고요하든 공은 저절로 밝게 비출 것입니다. 그리하여 교와 도를 통달하고, 나아가 살림살이까지도 모두 공에 어긋나게 하지 않을 것입니다.

평생토록 공을 몰라 미혹한 사람들이야 어쩔 도리가 없습니다. 그러나 더러는 그 공을 알면서도 고의로 위배합니다. 도리어 지공

(至公)의 도를 떠벌려 명예를 얻으려 하고, 대공(大公)의 가르침을 빌려 직위를 넘보기도 하며, 또 소공(小公)에 해당하는 살림살이를 횡령하여 자신의 욕심을 채우기도 합니다. 이들은 너무 깊이 악의 구덩이에 빠져 남들이 자기를 본받는다는 사실조차 생각하지 못합니다. 뿐만 아니라 자신을 속이는 일조차 그만두려 하지 않습니다.

옛날에 조정에서 어느 사찰을 개조하여 창고로 쓰려 한 적이 있습니다. 그런데 어떤 스님이 이것을 반대하여 따르지 않자 이 사실이 왕에게 보고되었습니다. 왕은 해당 관리에게 칼을 주며 '이번에도 항거하거든 목을 쳐라. 그러나 만일 죽기를 무릅쓰고 항거하거든 그대로 두라'고 은밀히 말했습니다. 드디어 그 관리가 임금이 절을 창고로 고쳐 쓰라고 했다는 명령을 전하자 그 스님은 웃으면서 목을 쑥 내밀고 '불법을 지키다 죽는다면 진정 시퍼런 칼날을 혀로 핥으라 해도 달게 받겠다'[5]고 말했답니다. 스님은 목을 내밀고도 전혀 두려움이 없었답니다. 이것이 어찌 잠깐 억지를 부려 그렇게 할 수 있겠습니까? 모두가 진성(眞誠)에서 우러나온 것입니다. 그 마음을 추측해 보건대 어찌 절간의 살림살이에 해당하는 소공(小公)일 뿐이라 하겠습니까? 교와 도에도 깊은 깨달음이 있었던 스님이 분명합니다.

수(隋)나라 태수(太守)였던 요군소(堯君素)가 '모든 승려들은 성곽에 올라가서 부역을 하라. 감히 이 명령을 어기는 자가 있다면 목을 베겠다'고 명하였습니다. 이때 도손(道遜)[6]이라는 스님이 태수한

테 찾아가 항거하자 요군소는 도손스님을 뚫어지게 바라보다 '스님 께서는 담력과 기상이 대단히 씩씩하군요' 하고는 마침내 부역을 그만두게 했습니다. 이것은 대공에 해당하는 교(敎)를 지키기 위해 창칼 앞에서도 두려워하지 않은 것입니다. 그것이 어찌 또 일순간 의 억지로 되는 것이었겠습니까?

동산연조(東山演祖)[7] 스님의 편지를 대략 소개하면 다음과 같습 니다.

'금년 여름에는 모든 들판에 가뭄이 들어 손해를 많이 보았습니 다만 나는 그것을 조금도 근심하지 않습니다. 여러 대중 스님들이 개에게는 불성이 없다는 화두를 들고 있는데, 하나도 깨치는 사람 이 없을까봐 오히려 그것이 근심일 뿐입니다.'[8]

연조스님은 지공(至公)의 도에 항상 뜻을 두고 늘 그것을 걱정하 며 잠시도 잊지 않았습니다. 그러니 '모든 들판에서 가뭄으로 손해 본 것은 조금도 걱정하지 않는다'고 말한 특별한 까닭이 있는 것입 니다. 소소한 살림살이야 지극한 도에 비교하면 그 근심이 아무것 도 아니기 때문입니다.

승원(僧園)의 살림살이는 교를 일으키고 도를 전하기 위해 필요 한 것입니다. 교가 널리 퍼지지 못하고 도가 후대에 전수되지 않는 다면, 나를 듯한 누각에 용솟음치는 듯한 전각이며 남아도는 황금 과 곡식이 대천세계에 가득하다 해도 공(公)에는 전혀 도움이 되지 못합니다. 오히려 교와 도의 허물만 늘어나게 할 뿐입니다. 공이 제

대로 드러나느냐 드러나지 못하느냐에 불법이 융성하느냐 침체하

느냐가 달려 있으니, 어찌 조심하지 않겠으며, 어찌 삼가지 않겠습

니까."

주

:

1   "奇哉 衆生具有如來智慧德相." 선문에서 자주 거론되는 석존의 성도
    장면이다. 『굉지선사광록(宏智禪師廣錄)』(T48-24c) 등 송대 이후 선종의
    전적에서 다들 『화엄경』에서 인용했다고 하였으나 실제로 『화엄경』에
    수록된 문구와는 차이가 있다. 『화엄경』 권51(T10-272c)에는 이 내용이
    "無一衆生而不具有如來智慧 但以妄想顛倒執著而不證得"으로 되어
    있고, 또 성도 장면의 독백이 아니라 문답 가운데서 나온다. 선적에서
    자주 인용하고 있는 문구는 규봉종밀의 저술 『주화엄법계관문』에 배휴
    가 쓴 서문의 문장과 가장 유사하다. 후대의 전전들은 아마도 배휴의
    글에 의거한 것으로 추정된다. 참고로 인용하면 다음과 같다. "世尊初
    成正覺 歎曰 奇哉 我今普見一切衆生 具有如來智慧德相 但以妄想執
    著 而不證得." 『주화엄법계관문(注華嚴法界觀門)』(T45-683b)

2   5천축국(五天竺國) : 인도 전역을 가리킨다. 동서남북과 중앙의 다섯으로 나누어 5천축이라 하였다.

3   10허(十虛) : 시방(十方)과 같은 의미이다.

4   이루(離婁) : 황제(皇帝) 때 사람으로 눈이 비상하게 밝았다고 한다.

5   『인천보감(人天寶鑑)』(X87-2c)에 이 기사가 자세히 수록되어 있다. 진종(眞宗)이 태평흥국사(太平興國寺)를 폐쇄하고 창고로 사용하려 했을 때 일어난 사건이라 한다.

6   이 기사는『속고승전(續高僧傳)』권29(T50-696c)와『법원주림(法苑珠林)』권27(T53-485b) 등에 수록되어 있는데 요군소(堯君素)에게 항거했던 스님을 모두 포주(蒲州) 보구사(普救寺)의 석도적(釋道積)으로 기록하고 있다.

7   동산연조(東山演祖) : 오조법연(五祖法演) 선사를 말한다. 스님이 오래 머물렀던 기주(蘄州) 황매산(黃梅山)은 동산(東山)으로도 불렸고, 오조홍인 선사가 머물렀던 곳이므로 오조산(五祖山)이라고도 하였다.

8   『선림보훈(禪林寶訓)』에 영원유청 선사가 불감혜근 선사에게 근래 받은 오조법연 선사의 편지를 말해주는 형식으로 소개되어 있다.『선림보훈(禪林寶訓)』(T48-1023a)

07

○

제자들을 지도하는 데
위엄이 필요합니까?

●

어떤 이가 위의(威儀)에 대해 물었다.

내가 말했다.

"세상에는 두 종류의 위의가 있습니다. 하나는 도덕이 높아서 생기는 위의이고, 또 하나는 권세가 높아서 생기는 위의입니다. 도덕이 높아서 생기는 위의는 자연스럽지만 권세 때문에 생긴 위의는 인위적인 것입니다. 자연스럽게 나온 위엄과 존경은 상대의 마음까지 복종시킬 수 있지만 인위적으로 생긴 위엄과 존경은 그저 외형만 복종시킬 뿐입니다. 상대의 마음까지 복종시키는 위엄과 존경은 자기 눈앞에서 위엄스럽게 할 뿐만 아니라 만리 밖에서도 위엄과 존경을 받습니다. 뿐만 아니라 현재는 물론 백세가 지나도록 그 명성은 전해져 존경과 위엄을 받을 것입니다. 어떻게 그것을 알

겠습니까? 옛날 도덕이 뛰어난 분들에 대해 요즘 사람들이 그 유
풍(遺風)에 머리 숙이지 않고 업적을 우러러 심취하지 않는 이가 없
습니다. 더구나 그분들의 모습을 직접 뵙고 말씀을 몸소 들은 당
시 사람들이 어찌 경외하지 않았겠습니까.

　사람의 마음을 복종시키는 그분들의 위엄은 한결같이 지성(至
誠)에서 나왔습니다. 모두가 자연스러워 털끝만큼의 인위적 조작
도 없었습니다. 도덕 때문에 생긴 위엄이 사람의 마음을 감복시키
는 것은 실로 의심할 여지가 없습니다. 성현들께서 도덕을 문란하
게 하면서 임시 미봉책으로 사람을 복종시키려 했다면, 사람들이
어찌 그분들에게 복종했겠습니까? 또 도덕이 갖고 있는 훌륭한 가
치는 성현이라고 자기 마음대로 문란하게 하여 사람들을 복종시
키지는 못합니다. 그런데도 어리석은 사람들은 도덕을 버리고 권세
에 아부하면서 그 위태로움을 스스로 깨닫지 못합니다. 오히려 시
끄럽게 떠들며 종일토록 남들이 나에게 복종하지 않는 것만 원망
합니다. 잘못되어도 어찌 이토록 잘못될 수 있습니까? 그러니 권세
의 위엄이란 사람을 겉으로는 복종시킬 수 있지만 잠시일 뿐입니
다. 눈앞에서 돌아서기만 하면 존경하지 않습니다. 그러니 어찌 그
가 죽은 이후까지 위엄스럽게 존경받을 것을 기대하겠습니까? 죽
은 뒤 존경을 받지 못하는 것은 물론 사람들이 가슴에 한을 품고
그 권세에 무릎 꿇었던 과거를 들추며 보복하려 들 것입니다. 그러
니 지금의 권세가 훗날에는 재앙이 된다는 것을 쉽게 알 수 있습

니다. 지난날의 존경과 위엄이 훗날 재앙이 되지 않는 경우는 드물다는 것을 알아야 합니다. 참으로 다행히도 우리들은 4무량심의 큰 훈계를 저 멀리 서역의 부처님으로부터 받았습니다. 위엄과 권세 같은 것은 종신토록 생각하지 말아야 합니다."

어떤 이가 말했다.

"세상 사람들의 마음을 바로잡는 방법으로 상벌보다 더 효과가 좋은 것은 없다고 들었습니다. 은혜가 없으면 상을 내릴 수 없고, 위엄이 없으면 벌을 줄 수 없습니다. 스님의 말씀은 보통의 세상물정과는 거리가 아주 멉니다. 사찰의 살림살이를 책임진 스님이 혹 직책을 제대로 수행하지 못했을 경우, 위엄을 부리지 않으려 한들 그것이 되겠습니까?"

내가 말했다.

"분명하고도 엄연한 인과의 법칙이 실로 그대의 몸에 있습니다. 성현께서 후세에 보여주신 모범을 누구라서 감히 바꿀 수 있겠습니까? 위엄을 부려도 뉘우치지 않는다면 어떻게 하겠습니까? 오히려 나 스스로 도덕을 갖추도록 노력해야 할 것입니다. 제 스스로 도덕을 실천하여 지성(至誠)이 안팎으로 충만한데도 다른 사람들이 그를 믿고 추종하지 않는다는 소리는 듣질 못했습니다. 그런데 무엇 하러 위엄을 부리고 하겠습니까?

또 세상에는 임금님이 위엄을 부리지 않는 날이 없었습니다. 그러나 마음대로 횡포를 부리며 악을 행하는 자들은 그 위엄을 조금도 두려워하지 않습니다. 그러면 이런 상황도 다 위엄이 악한 자에게 미치지 못해서 그런 것입니까? 실로 도덕이 자기 몸에 충만하지 않은데도 직위에서 물러나 수양할 생각은 하지 않고 도리어 위엄과 권세로 군림하려고만 애쓰는 자들이 있습니다. 그들이 설사 지금은 재앙을 받지 않는다 해도 그 재앙은 죽은 뒤에라도 반드시 받을 것입니다. 이 말을 듣는 사람은 두려워해야 합니다."

선을 묻는 이에게 …

08

○

불법과 외호중(外護衆)은
어떤 관계가 있습니까?

●

어떤 이가 물었다.

"우리의 불법은 국가로부터 외호(外護)가 있어야만 시행될 수 있다고 하여, 불법을 국왕과 대신에게 부촉했다는 말이 있습니다."

내가 말했다.

"현상[事]의 측면에서 말한다면 그 말이 옳을 수도 있겠지만 이치[理]의 측면에서도 그 말이 옳은지는 모르겠습니다. 왜냐하면 수후(隨侯)라는 사람이 가졌던 구슬은 아주 존귀하기 때문에 사람들이 온갖 위험을 무릅쓰고 그것을 구하려 했으며, 변화(卞和)라는 사람이 소유했던 옥은 전혀 티가 없었으므로 사람들이 성곽도 아끼지 않고 그것과 바꾸려고 했으니 그럴 법도 합니다. 그러나 가령 그의 옷 속에 구슬이 없고 품속에 옥이 없다면, 아부하고 굽실거리며 그들과 가까이하려 해도 사람들은 멀리할 것입니다. 또 무엇하러 수많은 성곽을 가볍게 여기며 그 구슬과 바꾸려 하고, 갖가지 위험을 무릅쓰고 그것을 구하려 하겠습니까? 그러므로 불조(佛祖)께서는 도덕을 당신 책임으로 삼고서 온갖 위험을 무릅쓰고 자신의 몸과 부귀영화를 모두 잊으신 것입니다. 무슨 외호(外護)를 받겠다고 억지로 애를 썼겠습니까.

스스로 도덕을 함양하지 못했는데도 국왕이나 대신이 정성껏 대접하는 경우도 있습니다. 그렇게 되면 세상의 어리석은 스님들은 자신의 도덕이 어떠한지는 돌아보지 않고, 그저 영화와 총애를 얻으려고 권세 있는 집 문턱을 드나들며 외호 세력을 찾습니다. 그러다 그 일이 잘 안 되기라도 하면 원망과 탄식을 입 밖에 내고 우울하고 성난 기색을 얼굴에 보였다가 결국은 재앙과 치욕을 당하고 맙니다. 어찌 도를 수행하는 자가 이럴 수 있습니까."

09

○

사찰의 살림살이는
어떻게 해야 합니까?

●

어떤 이가 물었다.

"혹시 승원의 살림살이가 넉넉하지 못하면 몸을 돌보지 않고 노력해 보완해도 되는 것입니까?"

내가 말했다.

"모든 약(藥)은 반드시 훌륭한 의사의 문으로 모이게 마련이고, 돈은 큰 상인의 점포로 투자되게 마련입니다. 나무가 무성히 자라면 산새들이 모여들고, 연못에 물이 가득하면 달빛이 찾아드는 법입니다. 옛날 설산에서 부처님께서는 만승의 부귀영화도 모두 버리고 6년 동안 춥고 배고픈 고통을 감수했습니다. 대천세계 보기를 물거품 하나처럼 하찮게 여길 따름이었습니다. 그러니 어찌 세간의 공덕을 얻으려고 무슨 노력을 한 적이 있으셨겠습니까? 그러나 홀

룽한 덕을 갖추자 화려한 누각과 모든 장엄한 살림살이가 두루 쌓였습니다. 열반하신 지 2,000여 년이 지나도록 그 영향력은 온 천하에 가득하기만 합니다. 이를 두고 '그에게서 나간 것은 그에게로 돌아온다'고 합니다.

보살이 세상을 교화할 때는 혹 완전히 갖추지 못한 경우라도 상대방이 나를 돕지 않는다고 원망하지 않고 오직 6바라밀을 철저히 수행하며 나아가 4무량심을 널리 베푼다는 얘기를 들었습니다. 그러다가 교화의 기연[化機]이 원만해져 시주하는 사람이 재물을 봉헌하면 담담하게 그것을 받기도 합니다. 그러면 그 시주한 사람이 뛸 듯이 기뻐하곤 했습니다. 자리(自利)와 이타(利他)를 고르게 하는 것을 해탈(解脫)이라 할 수 있으며, 나아가 그것이 바로 절간의 살림살이를 돌보는 복전(福田)입니다.

요즘 스님들은 무슨 일을 할 때면 참된 이치를 위배하고 오로지 나쁜 짓만 하려 듭니다. 가령 조그만 땅이라도 마련하지 않으면 많은 재물로 압도하려 하고, 혹은 엄청난 권세로 군림하기도 하고, 혹은 죄를 얽어매어 남을 두렵게 하기도 하며, 혹은 잔재주를 부려 남을 해치기도 합니다. 한때 잠시 권세를 성취한다 해도 모두 번뇌의 근본이 될 뿐입니다. 복전(福田)에 무슨 이익이 되겠습니까. 그리고는 앞 다투어 '천 년 상주물에 하루아침 중'이라는 말의 장본인이 되고 맙니다. 이들은 '천 년 상주물이 정혜(定慧)를 바탕으로 훈습하고 자리이타(自利利他)를 동시에 행하지 않았다면 어디에서 나왔겠는가' 하는 것을 전혀 생각지 않습니다. 혹시라도 그 근본을 잊는다면 이것은 마치 연못을 버리고 밝은 달을 부르는 격이며, 나무를 버리고 뭇 새들을 모으려는 격입니다. 이치가 그럴 수 있겠습니까. 도대체 이치가 그럴 수 있겠습니까."

10

○

설법하는 형식에는
어떤 것이 있습니까?

●

어떤 이가 물었다.

"설법의식(說法儀式)에서 반드시 우화당(雨花堂)[1]과 수미좌(須彌座)[2]를 갖추어야 합니까?"

내가 말했다.

"의식(儀式)의 측면에서 말하면 그렇게 해야겠지만 법의 측면에서 말한다면 어찌 꼭 그래야 하겠습니까. 무릇 법(法)은 일정한 모양이 없으며, 설법 또한 일정한 형식이 있을 수 없습니다. 흰 사슴 꼬리털을 엮은 불자(拂子)를 휘두르고 입술을 나불거리는 것은 사상(事相, 겉모습)의 설법입니다. 부처님은 보리좌(菩提座)에서 일어나시지 않고, 나가정(那伽定, 부처님의 선정)에서 나오시지도 않고, 장광설을 움직이지도 않고, 한 법의 모양도 보이지 않으셨지만 불이 치솟듯 항상 설법하고 계십니다. 그러니 어찌 굳이 49년 동안 300여 회에 국한하여 말씀하셨겠습니까.

모든 보살들은 보통 사람이 베풀기 어려운 것을 능히 베푸는 보시(布施)로 설법을 삼고, 또 남들이 지키기 어려운 것을 능히 지키는 계율(戒律)로 설법을 삼고, 참아내기 어려운 것을 잘 참아내는 인욕(忍辱)으로 설법을 삼았습니다. 나아가 6바라밀과 4무량심을 닦는 것도 모두 설법이었던 것입니다. 관세음보살이 32상으로 응현할 때, 천(天)·용(龍)·귀신(鬼神)·사람·인비인(人非人)[3] 등에 이르기까지 그 나타내는 모습이 모두 설법인 것입니다. 그러니 따로 뭐 설법할 것이 있겠습니까.

위로부터 여러 조사스님들이 나무집게를 들어 보이고,[4] 공을 굴리고,[5] 기름을 팔고,[6] 홀을 흔들고,[7] 강을 사이에 두고 손짓을 하고,[8] 눈 속에 서서 마음을 편안히 하고,[9] 초가집에서 빈주먹을 세우고,[10] 두 다리를 꼬고 바위굴 속에 앉고,[11] 어지러운 세상에 목탁을 울리고,[12] 하얀 마름과 누런 갈대가 덮인 물가에서 낚싯줄을 드리우고,[13] 땅을 치고,[14] 뱃전을 두드리고,[15] 활을 당기고,[16] 벽으로 돌아앉으며,[17] 외로운 봉우리에서 홀로 잠자고,[18] 외길에서 서로 만나고,[19] 소를 받아놓고 말을 돌려주며 흔히 하는 일이라 말하고,[20] 옹기를 종(鐘)이라 불렀으니, 그 의도는 말 바깥에 있었던 것입니다. 이런 수만 가지 금성옥진(金聲玉振)이 어찌 꼭 우화당과 수미좌에서 한 것이겠습니까.

도만 깨우치면 바위굴에서 명아주를 먹고산다 하더라도 분명히 여러 대중에게 바른 가르침을 줄 것입니다. 그러나 깨닫지 못하면 호사스럽게 좋은 옷을 입고 매우 존엄하게 큰 법상에 올라 질문이 구름처럼 몰려오고 그에 대한 대답이 병 속의 물을 쏟듯 막힘없이 줄줄 나온다 해도 말만 많아지고 뽐내는 마음만 더욱 늘어날 뿐입니다. 세정(世情)에 아첨하여 세속의 풍속을 좇으면서 스스로는 '불법을 설하여 만 중생을 이롭게 하며, 부처님을 대신해 교화한다'고 말하니, 이런 사람은 정말이지 내 알 바 아닙니다."

주
:

1 우화당(雨花堂) : 부처님께서 설법하실 때 하늘에서 꽃비가 내렸던 것과 연관해 설법하는 전각을 우화당이라 한다.

2 수미좌(須彌座) : 고승들이 설법할 때에 앉는 법좌. 그 자리를 수미산에 비유했다.

3 인비인(人非人) : 사람이라 할 수도 없고 축생(畜生)이라 할 수도 없고 신이라 할 수도 없는 존재. 긴나라의 별명으로도 쓰인다.

4 오대산(五臺山) 비마암(祕魔巖) 화상은 스님들이 찾아와 절을 하면 나무집게로 목덜미를 꽉 집고 "어떤 귀신이 너더러 출가하라 하고, 어떤 귀신이 너더러 행각하라더냐? 말해도 집혀 죽고, 말하지 못해도 집혀 죽으리라. 빨리 말하라."고 하였다. 『경덕전등록(景德傳燈錄)』 권10(T51-280a)

5 설봉의존(雪峰義存, 821~908) 선사는 학인이 찾아오는 것을 보면 나무공을 굴려 시험하였다. 『벽암록(碧巖錄)』 권5(T48-181)

6 조주종심 선사가 투자대동(投子大同, 819~914) 선사를 찾아갔을 때 일이다. 투자선사가 없는 사이 조주선사가 암자에 앉아 돌아오는 투자선사를 보고 "투자의 명성을 들은 지 오래인데 찾아와 보니 기름 파는 늙은이만 있군요."라고 하자 투자선사가 말했다. "스님은 기름 파는 늙은이만 보고 투자는 몰라보십니다." 조주스님이 "뭐가 투자입니까?"라고 묻자 투자스님이 말했다. "기름이요, 기름." 『경덕전등록(景德傳燈錄)』 권15(T51-319a)

7 여러 선적에서 "도오무홀(道吾舞笏)"이라 하였는데 무엇에 근거한 것인지 정확치 않다. 약산유엄 선사의 법을 이은 도오원지(道吾圓智, 769~835) 선사의 행장에는 비슷한 기사가 전혀 없다. 관남도상(關南道常) 선사의 법을 이은 양주(襄州) 관남도오(關南道吾) 화상과 관련된 일화로 추정된다. 그러나 관남도오 화상의 행장에도 "간을 들었다[執簡]"고 한

기사는 있으나 "홀을 흔들었다[舞笏]"는 기사는 보이지 않는다. 참고로
『경덕전등록』에 수록된 내용을 요약해 소개하면 다음과 같다. 관남도
오 화상은 어느 시골 교외를 지나다 신들린 무당이 "식신(識神)은 없다"
고 하는 말을 듣고 홀연히 깨달았다. 화상은 관남도상 선사를 찾아가
인가를 받고, 또 덕산 문하에서 노닐었다. 이후 연화립(蓮花笠)을 쓰고
서 옷깃을 풀어헤치고 간(簡)을 들고는 북을 치고 피리를 불며 자칭 '노
씨네 셋째 아들'이라 하였다. 그리고 때때로 "관남의 북을 치고 덕산의
노래를 부른다"고 말하였다. 또 목검을 어깨에 걸치고 춤을 추었다고도
한다.『경덕전등록(景德傳燈錄)』권11(T51-288c)

8   양주(襄州) 고정간(高亭簡) 선사가 처음 찾아와 강 건너 덕산스님을 보
     고 멀리서 합장하고는 큰소리로 "안녕하십니까?" 하고 인사하였다. 그
     러자 덕산스님이 손에 든 부채로 두 번 손짓하였다. 이에 선사가 홀연히
     깨닫고는 휑하니 달아나며 다시는 돌아보지도 않았다. 이후 선사는 양
     주에서 법석을 열고 덕산의 법을 이었다.『경덕전등록(景德傳燈錄)』권
     16(T51-328b)

9   초조 달마대사와 2조 혜가스님의 고사이다.『경덕전등록(景德傳燈錄)』
     권3(T51-219b)

10   선사들이 주먹을 세워 질문에 답한 예는 많다. 한 가지를 들면 다음과
     같다. 자사(刺史) 이발(李渤)이 귀종(歸宗)선사를 찾아와 물었다. "3승 12
     분교는 묻지 않겠습니다. 조사가 서쪽에서 오신 뜻은 무엇입니까?" 귀
     종스님이 주먹을 세우고 말했다. "알겠습니까?" 이발이 "모르겠습니다."
     라고 하자 귀종스님이 말했다. "이 서생이 주먹도 모르는군."『종용록(從
     容錄)』(T48-238c)

11   9년 동안 소림굴(少林窟)에 칩거한 달마대사를 비롯해 수많은 선승들이
     깊은 산 바위굴에서 수행에 매진하였다.

12   반산보적(盤山寶積) 선사의 법을 이은 진주보화(鎭州普化) 화상은 광인
     행세를 하며 여러 곳을 떠돌았다. 그는 항상 목탁을 울리며 저자와 무
     덤가에서 "밝음이 와도 때리고, 어둠이 와도 때린다."고 말하였다.『경덕

전등록(景德傳燈錄)』 권10(T51-280b)

13 선지식이 훌륭한 안목을 갖춘 납자를 기다리는 것을 흔히 낚시질에 비
유한다. 신분을 감추고 소주(蘇州) 화정(華亭)에서 뱃사공으로 살았던
선자덕성(船子德誠) 선사의 게송이 유명하다. 참고로 인용하면 다음과
같다. "千尺絲綸直下垂 一波纔動萬波隨 夜靜水寒魚不食 滿船空載月
明歸." 『명각선사어록(明覺禪師語錄)』 권3(T47-692a)

14 임제스님이 소나무를 심고 있는데 황벽스님이 물었다. "이 깊은 산속에
그렇게 많이 심어 뭐하려느냐?" 임제스님이 "첫째는 산문의 경치를 아
름답게 하고, 둘째는 뒷사람들에게 표방(標榜)이 되기 위해서입니다."라
고 말하고는 괭이로 땅을 세 번 내리쳤다. 그러자 황벽스님이 말했다.
"그렇긴 하나 너는 벌써 내 방망이를 30방이나 맞았다." 임제스님이 또
괭이로 땅을 세 번 내리치고는 "허허" 하였다. 그러자 황벽스님이 말하
였다. "우리 종문이 너에 이르러 세상에 크게 흥성하리라." 『진주임제혜
조선사어록(鎭州臨濟慧照禪師語錄)』(T47-505a)

15 암두전활(巖頭全豁, 828~887) 선사와 한 노파의 일화를 두고 한 말이다.
악주(鄂州) 암두(巖頭)에서 폐불사태를 만난 스님은 동정호가에서 뱃사
공이 되었다. 양 언덕에 판자를 하나씩 걸어놓고 강을 건너려는 사람이
그 판자를 치면 "누구냐?"고 묻고 "저쪽으로 건너가려 하오."라고 대답
하면 스님은 춤추듯 노를 저어 손님을 맞이하였다. 하루는 한 노파가
어린아이를 안고서 물었다. "노를 내리고 노를 젓는 것은 묻지 않겠습니
다. 이 노파의 손에 안긴 어린아이는 어디서 왔습니까?" 그러자 스님이
바로 때렸다[師便打]. 이에 노파는 말하였다. "이 노파가 일곱 아이를 낳
았는데 여섯은 좋은 도반을 만나지 못했소. 그리고 이 아이마저 만나지
못하는구려." 그리고는 아이를 물속에 던져버렸다. 『오가정종찬(五家正
宗贊)』(X78-583a) 이 화두를 두고 후대 많은 선사들이 송을 지었는데 거
기에 "뱃전을 두드렸다[扣舷, 叩舷]"는 표현이 나온다. 예를 들면 남수무
(南叟茂) 선사는 이 화두를 두고 "鄂渚渡邊窮鬼子 全機錯在扣舷時 如
何別下一轉語 救取婆婆第七兒"라고 송하였다. 『오등전서(五燈全書)』 권

203

50(X82-167a)

16 석공혜장(石鞏慧藏) 선사는 원래 사냥꾼이었다. 사슴을 쫓다 마조도일 선사를 만나 감복하고는 출가하였다. 후에 석공산(石鞏山)에서 종풍을 선양하였는데, 학인이 찾아오면 항상 화살을 걸고 활을 팽팽히 당기면 서 "화살을 보라."고 고함을 쳤다. 『경덕전등록(景德傳燈錄)』 권14(T51-316b)

17 지주(池州) 노조산(魯祖山) 보운(寶雲)선사는 평소 학인이 찾아오면 얼른 벽을 향해 돌아앉았다고 한다.

18 운거도응(雲居道膺) 선사가 입적할 무렵, 운거도간(雲居道簡) 선사는 화주(化主)가 되어달라는 대중의 간청을 뿌리치고 잠적하였다. 후에 힐단(詰旦) 주사 등의 간청에 못이겨 다시 돌아와서는 고봉독숙(孤峰獨宿)의 선풍을 선양하였다. 어떤 스님이 "외로운 봉우리에서 홀로 잠들 때는 어떻습니까?" 하고 묻자 스님께서 말씀하셨다. "일곱 칸 승당에서도 편안히 잠들지 못하는데 누가 너더러 외로운 봉우리에서 홀로 자라더냐?" 『경덕전등록(景德傳燈錄)』 권20(T51-362c)

19 화엄휴정(華嚴休靜) 선사가 땔감을 나르는데 동산양개 화상이 붙들어 세우고 말씀하셨다. "좁은 길에서 서로 만났을 때는 어떻게 하겠는가?" 화엄스님이 "엎치락뒤치락 하겠지요."라고 하자 동산스님께서 말씀하셨다. "그대는 내 말을 기억하라. 남쪽에 머물면 대중이 천 명이 되겠지만 북쪽에 머물면 300명에 그칠 것이다." 『서주동산양개선사어록(瑞州洞山良价禪師語錄)』(T47-522c)

20 불해(佛海)스님이 "소를 얻고 말을 돌려주며 토끼를 보고 매를 풀어놓는 것은 모두 흔히 하는 일이다[得牛還馬 見兔放鷹 總是平常之用]"라고 하였다. 『불감불과정각불해염팔방주옥집(佛鑑佛果正覺佛海拈八方珠玉集)』(T67-640a)

11

○

깨달은 스님마다
그 행적이 왜 다릅니까?

●

어떤 이가 물었다.

"옛사람들은 종지를 체득한 뒤 혹 외로운 봉우리에 홀로 머물기도 하고, 혹은 시장바닥으로 들어가 포교하기도 하고, 혹은 마음 내키는 대로 교화의 방편을 펼치기도 하고, 혹은 오로지 불조(佛祖)의 정령(正令)만 다루기도 하고, 혹은 문전 가득히 제자들을 제접하기도 하고, 혹은 아무도 만나지 않기도 하고, 혹은 자취를 끊고 은거하기도 하고, 혹은 온 천하가 떠들썩하게 명성을 떨치기도 하고, 혹은 직접 세상의 환란에 뛰어들기도 하고, 혹은 고질병에 걸리기도 했습니다. 모두 달마스님의 제자이면서 서로 다른 길을 걸은 이유는 무엇입니까?"

내가 말했다.

"달마스님이 곧바로 가리키신 진실한 자기 마음을 깨달았다는 점에서는 모두가 동일합니다. 그러나 3세의 허환(虛幻)으로 맺어진 업(業)을 받았다는 점에서는 서로 다릅니다. 업보의 인연에 따라 살아간 측면에서 본다면, 그저 고요함을 즐기기 위해 외로운 봉우리에서 홀로 머물렀던 것은 아닙니다. 또 그저 시끄러운 것을 좋아해 시장터에 들어가 교화했던 것도 아닙니다. 마음 내키는 대로 교화의 방편을 베풀었다 해서 이단에 빠진 것도 아니고, 한편 불조의 정령만 다뤘다 해서 정통인 것도 아닙니다. 또 제자가 문전에 가득했다 해서 구차하게 세속에 영합한 것도 아니고, 친구라고는 자신의 그림자뿐일 정도로 외롭게 살았다 해서 외물(外物)을 끊은 것도 아닙니다. 세상 사람이 아무도 모르게 은거했다 해서 은둔을 숭상한 것도 아니고, 명성이 온 우주를 떠들썩하게 했다 해서 자랑한 것도 아닙니다. 그런 영화와 고달픔, 재앙과 복은 모두 각자의 인연에 따랐을 뿐입니다. 금강정안(金剛正眼)[1]으로 살펴보면 세상일이란 작은 티끌이 눈앞을 스치는 정도도 못 되는데, 어찌 어지럽게 사랑하고 증오하며 취하고 버리는 등등의 쓸데없는 생각을 일으키겠습니까. 그래서 용문(龍門)스님[2]이 '업보의 인연들은 모두 헛된 그림자에 불과한데 억지로 무엇을 하겠는가?'[3]라고 하셨던 것입니다. 또 연조(演祖)스님은 '모든 것에 도가 있으니 한결같은 맛은 진실로 눈앞의 인연이다'[4]라고 지적하셨습니다. 실로 지극한 이치로 비춰 보지 않으면 세상의 갖가지 일에 휘말려 미혹되고 말 것입니다."

주
:

1 금강정안(金剛正眼) : 일체 번뇌를 제거할 수 있는 지혜를 모든 것을 파
   괴할 만큼 견고한 금강에 비유한다. 금강처럼 견고하고 빛나는 지혜로
   운 안목 즉 부처님 지혜를 갖춘 안목을 말한다.
2 용문(龍門)스님 : 임제종 양기파 오조법연 선사의 법을 이어 용문사(龍
   門寺) 등지에서 종풍을 선양했던 불안청원(佛眼淸遠, 1067~1120) 선사를
   말한다.
3 "報緣虛幻 豈可強爲."『선문제조사게송(禪門諸祖師偈頌)』「불안삼자성
   (佛眼三自省)」(X66-733c)
4 "萬般存此道 一味信前緣."『법연선사어록(法演禪師語錄)』「천주백운입
   원후시이삼집사(遷住白雲入院後示二三執事)」(T47-668)

12

○

임제스님의 법손들만이
번성한 이유는 무엇입니까?

●

어떤 이가 물었다.

"스승의 위치에 있는 스님들이 부처님을 대신해 교화를 드날리
는 목적은 제자들을 길러 부처님의 혜명(慧命)을 전승하려는 것입
니다. 지금 5종(五宗)의 문중에서 오직 임제스님 계열만 북쪽에서
내려와 혈맥을 계승하고 있고 나머지는 모두 법사(法嗣)가 끊겼습
니다. 법을 전수하고 받을 즈음에 부족하지 않았기 때문입니까, 아
니면 인연이 그렇게 만든 것입니까?"

내가 말했다.

"성인의 도가 시절인연을 따라 숨기도 하고 나타나기도 하는 것
역시 정해진 분수 때문입니다. 그 시대의 상황과 인물의 성쇠와 교
화하는 방편의 번영 침체는 한 털끝만큼도 인위적으로 보태거나

덜 수 없습니다. 옛날 우리 달마조사는 인도 땅을 떠나지 않고 반야다라(般若多羅) 존자가 미리 하시는 예언을 받으셨으니, 이것이 바로 그 증거입니다.[1]

청원(靑原)스님과 남악(南嶽)스님이 세상에 나오지 않았던 때에도 5가는 이미 정해진 분수가 있었습니다. 5가가 한창 성대할 당시에 길고 짧은 운수에 어찌 정해진 분수가 없었겠습니까. 다만 서로 어리석어 스스로 알지 못했을 뿐입니다.

어떤 사람은 '임제스님의 도는 일상적인 데서 나왔으며 간절하게 제자들을 지도하셨다. 또 기연(機緣)도 뚜렷하고 말씀은 활구(活句)였다. 스님이 제자들을 단련한 것은 마치 손을 뒤집는 것처럼 신속하였다. 그래서 임제가풍의 명성이 오래도록 떨어지지 않은 것이다. 그러나 다른 스님들은 이와 달랐기 때문에 그 법이 세상에 오래가지 못한 것이다'라고 말합니다. 그러나 이 말은 선철(先哲)을 속이고 비방하며 잘못된 견해로 시빗거리를 삼을 뿐 아니라 나아가 바른 이치까지 어둡게 만드는 것입니다.

요즘 들어 스승의 위치에 있는 스님들이 평등한 마음으로 교화를 베풀어 불법이 이 땅에 오래가도록 할 생각을 하지 않는 듯합니다. 대부분 제자[法嗣] 구하는 일에만 급급해 세속의 못된 풍습만 본받고 있습니다. 그리하여 세력과 이익으로 서로 결탁하고, 명예와 지위로 서로 유혹하며, 물욕(物欲)으로 서로 이기려 들고, 망정으로 서로 속입니다. 이렇게 해서 수천 수백 년 동안 그 법사(法

嗣)가 끊어지지 않고 전승된다 한들 진리에 무슨 보탬이 되겠습니까? 어찌 이익이 없는 것뿐이겠습니까. 실로 엄청난 피해를 끼치는 짓입니다.

그래서 월당(月堂)스님[2]의 '한낮 오이밭에 물주는 격'[3]이라는 비유와 석실(石室)스님[4]의 '겨드랑이를 파서 깃털을 꽂아라'[5]는 나무람이 승가(僧伽)의 속담으로 전하고 있습니다. 도대체 무엇이 되려고 스스로 뉘우치지 않는지 저는 모르겠습니다. 옛날 운문(雲門)스님은 진존숙(陳尊宿)[6]으로부터 법(法)을 얻었지만 진존숙은 그로 하여금 끝내 설봉(雪峰)스님의 법을 계승하게 하였습니다. 그래서 총림에서는 지금까지도 그것을 아름답게 여기고 있습니다. 또 자수(慈受)스님[7]은 장산(蔣山) 땅에서 불감(佛鑑)스님[8]을 친견하고는 내실에서 기이하게 계합하자 그 법사(法嗣)를 바꾸려 하였습니다. 하지만 불감스님은 끝내 그것을 거절하셨으니, 총림에서는 이것을 매우 아름다운 일로 돌리고 있습니다.

나의 도가 다른 사람에게 널리 전파되지 못할까 염려할 뿐 법사(法嗣)가 바뀐다고 무슨 흔들림이 있었겠습니까? 비유하면 동쪽 집 등불을 붙여다 서쪽 방을 밝히는 것과 같습니다. 오직 어둠을 타파해 밝히는 것이 최고의 미덕일 뿐입니다. 어찌 나의 등불이 흘러들어온 유래를 상대방이 잘 모른다고 속 좁게 그것을 따지겠습니까."

주
:

1 반야다라 존자가 달마대사에게 예언한 기사는 여러 곳에 나온다. 그
가운데 『경덕전등록』에 수록된 내용을 요약해 인용하면 다음과 같다.
달마대사는 남천축국 향지왕(香至王)의 셋째 아들이었는데 27조를 만
나 곧바로 심요(心要)를 밝게 깨달았다. 이에 반야다라 존자가 수기하며
말했다. "아직은 멀리 가지 말라. 우선 남천축에 머물다 내가 입멸하고
67년 후 진단(震旦)으로 가서 불사(佛事)를 크게 일으키도록 하라. 그대
는 가거든 남방(南方)에는 머물지 말라. 그들은 유위(有爲)의 공업(功業)
만 좋아하고 불법의 이치는 보지 못할 것이다. 그대는 그곳에 당도하게
되더라도 오랫동안 머물러서는 안 된다." 그리고 게송 한 수를 읊었다.
"길을 걷고 물을 건너며 또 양(羊)을 만나리니 홀로 쓸쓸하게 몰래 강을
건너가라. 가련하구나, 해 떨어진 뒤 두 코끼리와 말이여 두 그루 어린
계수나무 길이 창창하리라[路行跨水復逢羊 獨自悽悽暗度江 日下可憐雙象馬
二株嫩桂久昌昌]." 『경덕전등록(景德傳燈錄)』 권3(T51-217a)

2 월당(月堂)스님 : 설봉혜(雪峰慧) 선사의 법을 이은 임안부(臨安府) 정자
사(淨慈寺) 월당(月堂)의 도창불행(道昌佛行) 선사를 말한다.

3 "日中灌瓜." 『오등전서(五燈全書)』 권36(X82-30a)

4 석실(石室)스님 : 장자광(長髭廣) 선사의 제자인 목평선도(木平善道)로 추
정된다. 석두희천 선사를 뵙고 대오한 후 폐불사태를 만나 환속해서는
석실(石室)에 은거하였다. 세상 사람들이 석실행자라 불렀다.

5 진실하게 성취하지 않고 성급히 흉내 내는 것을 꾸짖는 말이다.

6 진존숙(陳尊宿) : 황벽희운(黃蘗希運) 선사의 법을 이은 목주도명(睦州道
明) 선사를 말한다. 속성이 진(陳) 씨인 그를 존경해 제방에서 진존숙이
라 칭하였고, 짚신을 팔아 어머니를 봉양했으므로 진포혜(陳蒲鞋)라고
도 불렀다.

7 자수(慈受)스님 : 운문종 장로숭신(長蘆崇信)에게 참학하고 법을 이은 혜

림회심(慧林懷心, 1077~1132) 선사를 말한다. 자수사(慈受寺)에 오래 주석하여 자수회심이라고도 한다.

8 불감(佛鑑)스님 : 임제종 양기파 오조법연 선사의 걸출한 세 제자 가운데 한 분인 불감혜근(佛鑑慧懃, 1059~1117) 선사를 말한다.

13

○

깨달은 내용을
설법할 수 있습니까?

●

어떤 이가 물었다.

"『능엄경』에서, '내가 멸도한 후 보살이나 아라한이 말법 세상에서 갖가지 모습으로 나타나 중생들과 동사섭(同事攝)을 하리라. 그들은 끝내 참된 보살이나 참된 아라한을 자처하지 않고, 부처님의 밀인(密因)을 누설하지도 않으며, 아직 공부하지 않은 학자들에게 경솔하게 말하지도 않으리라. 그러나 오직 생명이 끝날 때에 은밀하게 부촉하는 것만은 제외된다.'[1]고 하였습니다. 요즘 스승의 위치에 앉아 있는 스님들을 살펴보면 여러 대중 앞에서 깨달은 연유를 말하고, 혹 배우는 사람들이 믿지 않으면 정말이라고 거듭 맹세하기도 합니다. 이것은 마치 옛 부처님의 진실한 말씀을 어기고 후세 사람의 허망한 습속을 조장하는 듯합니다. 그래도 되는지 모르겠습니다."

내가 말했다.

"그 말에는 유래가 있습니다. 오등(五燈)에서 모든 조사스님들의
본전(本傳)을 뽑아 편찬할 때 반드시 그가 깨달은 연유를 우선적으
로 실었습니다.[2] 그분들은 깨달았을 때 마치 오랫동안 잊었던 것을
갑자기 기억한 것 같고 말 못하는 이가 꿈을 꾼듯하여 오직 자신
만 알 뿐 다른 사람들은 짐작조차 할 수 없었습니다. 그야말로 몸
소 증득한 삼매(三昧)이기에 입을 막고 말을 못하게 했습니다. 어찌
들오리를 묻고,[3] 보푸라기를 불고,[4] 복숭아꽃을 보고,[5] 뿔피리 소리
를 들었다[6]는 따위의 이야기조차 있을 수 있겠습니까.

대체로 이런 말이 있게 된 데에도 그 까닭이 있습니다. 그것은
스승이 따져 물어 마지못해 그렇게 대답한 경우도 있고, 혹은 어
떤 경계를 굳이 설명하자니 그렇게 한 것이며, 혹은 맨 나중에 깨
달음이 전혀 치우치지 않았다는 것을 밝히기 위해서이기도 하였
으며, 혹은 그 당시에 가리고 덮어둘 상황이 아니었기에 나쁜 소문이
나돌지 못하도록 하려고 그런 말을 한 것이니, 모두가 어쩔 수 없
어서 그랬던 것입니다. 또 그 가운데에는 깨달은 것을 겉으로 드러
내지 않은 분들도 많습니다. 이미 깨달은 대열에 들어섰다면 어찌
증거가 없겠습니까? 다만 아주 비밀스럽게 감추어 겉으로 드러내
고 싶어 하지 않았을 뿐입니다.

정말 도를 체득한 분들은 '깨달았다'는 한마디 말도 입 밖에 낸

적이 없습니다. 그러나 산속에 훌륭한 옥(玉)이 묻혀 있으면 곁에 초목이 더욱 잘 자라고, 또 연못에 보배 구슬이 들어 있으면 곁의 파도가 영롱한 것은 자연스런 이치입니다. 본색종장(本色宗匠)은 자신이 체득한 것으로 제자들을 결택해 줄 뿐, 자기 깨달음을 끌어다 남들이 믿어주기를 강요하지 않았습니다. 또한 마음을 내고 사념을 요동하면서까지 기연(機緣)을 교묘하게 만들어 당대 사람들을 미혹시키고 나아가 후배들을 피곤하게 하는 짓을 결코 하지 않았습니다. 다만 상대의 능력에 알맞게 자세히 지도하였으며 혹 제자들이 믿지 않더라도 전혀 상관하지 않았습니다. 정말 제멋대로 생멸했다면 곧 삼매(三昧)를 잃어버렸을 것입니다. 그러니 깨닫는 이치라는 것이 숨길 수 있는 것이겠습니까, 누설할 수 있는 것이겠습니까?"

주
:

1   『능엄경(楞嚴經)』권6(T19-132b)에서 인용하였으나 문장이 정확히 일치
    하지는 않는다.
2   오등(五燈)은 선종의 사서인『경덕전등록(景德傳燈錄)』·『천성광등록(天
    聖廣燈錄)』·『건중정국속등록(建中靖國續燈錄)』·『연등회요(聯燈會要)』·
    『가태보등록(嘉泰普燈錄)』을 말한다. 순운(淳祐) 12년(1252)에 이 오등록
    을 개편하여 하나의 책으로 편찬하고『오등회원(五燈會元)』이라 하였다.
3   백장회해 스님이 하루는 마조선사와 산을 거닐다 들오리가 날아가는
    것을 보았다. 마조선사가 "저게 뭐냐?"고 묻자 백장스님이 말하였다. "들
    오리입니다." "어디로 가느냐?" "날아갔습니다." 그러자 마조선사가 손
    으로 백장스님의 코를 잡아 비틀었다. 백장이 아픔에 소리를 지르자 마
    조선사가 말했다. "어찌 날아간 적이 있겠느냐?" 백장이 이에 크게 깨
    달았다고 한다.『벽암록(碧巖錄)』(T48-187c)
4   회통(會通)선사는 조과도림(鳥窠道林) 선사에게 출가하여 여러 해를 모
    셨다. 회통스님이 하루는 하직인사를 드리자 도림선사가 물었다. "너는
    지금 어디를 가느냐?" 그러자 "회통이 불법(佛法)을 위해 출가했는데 화
    상께서는 자비로운 가르침을 주지 않으셨습니다. 이제 여러 곳을 다니
    며 불법을 배우겠습니다."라고 하였다. "그런 불법이라면 내가 있는 이
    곳에도 조금은 있지." 회통스님이 "무엇이 화상이 계신 이곳의 불법입
    니까?" 하고 묻자 도림선사가 몸에서 보푸라기를 집어 훅!하고 불었다.
    이에 회통스님이 크게 깨달았다고 한다.『경덕전등록(景德傳燈錄)』권
    4(T51-230c)
5   영운지근(靈雲志勤) 선사는 복주대안(福州大安)·설봉의존(雪峰義存)·현
    사사비(玄沙師備)·위산영우(潙山靈祐) 등을 참례하고도 깨닫지 못하다
    가 어느 날 위산에서 복숭아꽃 피는 것을 보고 크게 깨달았다. 그때 지
    은 게송은 다음과 같다. "三十來年尋劍客 幾逢落葉幾抽枝 自從一見桃

華後 直至如今更不疑."『경덕전등록(景德傳燈錄)』권11(T51-285a)

6 태원부(太原孚) 상좌가 양주 광효사(廣孝寺)에서 『열반경』을 강의할 때 마침 협산전좌(夾山典座)가 그곳을 지나게 되었다. 삼인불성(三因佛性)과 삼덕법신(三德法身)에 대한 설명을 듣던 협산스님은 실소를 금치 못했다. 강의가 끝난 후 부상좌가 협산을 찾아가 자신의 설명에 어떤 오류가 있었는지 정중히 물었다. 이에 협산스님은 부상좌가 법신의 주변사만 알 뿐 실제로 법신을 안 것은 아님을 지적하였다. 그리고 법신을 알기 위해선 강의를 멈추고 선악 따위의 모든 반연을 쉬고 열흘간 조용히 궁구할 것을 권하였다. 그 가르침에 따라 초저녁부터 방안에서 좌선하던 부상좌는 오경에 울리는 뿔피리 소리를 듣고 홀연히 깨달았다.『벽암록(碧巖錄)』권10(T48-222b)

14

○

열반하는 모습으로
도의 깊이를 따질 수 있습니까?

●

어떤 이가 물었다.

"참선하는 스님은 임종할 때 앉은 채로 입적하기도 하고, 혹은 그렇지 못한 경우도 있습니다. 임종할 때 앉은 채로 입적하는 분은 평소에 무엇을 지켜서 그렇게 되는 것입니까?"

내가 말했다.

"지킬 것이 따로 있는 것이 아닙니다. 이것은 업연(業緣)에 관계되는 경우가 많으므로 굳이 그것에 구애될 필요는 없습니다. 보통 마음을 깨달은 사람은 알음알이가 소멸하여 바깥 경계에 얽매이지 않고, 견해[見]가 물러나고 집착이 없어져 앉은 채로 열반하는 것 등을 애초부터 생각지도 않습니다. 혹 임종할 때 질병의 고통이나 다른 근심 걱정에 걸리지 않으면 요요분명(了了分明)하여 초연히 홀로 육신의 껍질을 벗는 것입니다. 육신을 벗어버리고 활개치고 가버리는데 무슨 앉은 채로 열반에 든다는 것 따위를 생각이나 하겠습니까. 또 세상에는 더러 도를 배우거나 수행하지 않았던 사람도 가끔 앉은 채로 열반하는 경우가 있습니다. 나아가 죽을 무렵에 광채를 드날리는 경우도 있는데, 이는 모두 보연(報緣)이 아니고 무엇이겠습니까.

일반적으로 도를 익히는 사람들이 심요(心要)를 힘써 궁구하지는 않고, 그저 죽을 때 초연히 해탈하지 못하면 남들이 흉볼까 염려하여 앉은 채 열반하려고만 애씁니다. 이러면 일종의 외도나 마귀가 좌탈(座脫)을 지중하게 여기는 틈을 타고 들어와 그대에게 죽을 시기를 미리 알려주며 갖가지 기이하고 이상한 행동을 하게 할 것입니다. 이는 마귀에게 붙들려 3악도(三惡道)를 돌게 된다는 사실조차 모르는 것이니, 어찌 바른 이치에 보탬이 되겠습니까.

더러 진실하게 마음을 깨달은 사람도 임종할 때 혹독한 독에 중독되기도 하고, 혹은 어려움을 겪기도 하고, 혹은 오랫동안 이상한 질병에 걸려 온몸을 지탱하지 못하며 한마디 말도 할 수 없는 경우가 있기도 합니다. 그러나 평소에 도력(道力)을 잃지 않은 사람은 정념(正念)을 굳게 지키며 명이 다하기를 기다릴 뿐, 지극한 이치에서 조금도 벗어난 적이 없습니다. 임종할 때 세간을 스스로 비추어 벗어던지지 못하거나, 혹은 산 사람에게 비위에 거슬리는 말을 하거나, 혹은 억지로 한 생각 일으켜 어떻게 해야겠다고 한다면 그 해로움이 대단히 큽니다.

　큰스님 중에는 좌탈할 것을 미리 알리고, 몸에서 향기를 내기도 하고, 혹은 짐승들이 슬피 울기도 하고, 혹은 초목이 시들기도 하고, 화장할 때 불빛이 휘황하고, 사리(舍利)에서 광채가 나는 등 생각지도 못한 갖가지 신이(神異)로 사부대중을 깜짝 놀라게 하는 경우도 있습니다. 이건 모두 세세생생 선지식이 되어 정혜(定慧)를 닦아 온 수승인 인[勝因]이 어둡지 않아서 이처럼 특이한 과보를 낸 것일 뿐입니다. 결코 스님께서 억지로 집착하여 그렇게 한 것은 아닙니다. 아니면 혹 지위(地位) 보살이 세상에 나와 교화의 방편을 펴고, 그와 같은 훌륭한 모습을 나타내기도 합니다. 그러나 이런 기적은 한 생(生)을 참학(參學)해서 되는 것이 아닙니다. 차라리 보연(報緣)과 관련 있다는 말이 오히려 적절할 것입니다."

15

○

이제껏 스님의 말씀도
사구(死句)가 아닙니까?

●

어떤 이가 물었다.

"제방에서 하는 설법은 보통 사람에게 헤아리고 따질 길을 용납하지 않으니, 이것이야말로 활구(活句)¹라 생각합니다. 그러나 스님께서 하신 말씀은 내용이 있는 법[實法]으로써 사람들을 얽어매는 것입니다. 이야말로 사구(死句)²가 아니겠습니까?"

내가 말했다.

"그대는 제방의 활구 중에서도 활구만 본받으려 하고 사구 중에서도 사구는 조금도 본받으려 하지 않으니, 참으로 훌륭합니다. 그대 같은 분이야말로 설혹 사구를 본받아 죽게 되더라도 오랜 뒤에 반드시 그 죽음에서 홀연히 살아나 그 활구(活句)만 또렷하게 볼 것입니다. 참으로 훌륭합니다."

한밤 내내 했던 대화가 이쯤 되자 숲에서 새벽닭이 울고 동방이 점점 밝아와 나는 그만 잠이 들었고 그 객승 또한 말을 잊었다. 잠시 후 깨어나 밤새 담론했던 내용을 생각해 보았지만 끝내 한 글자도 기억이 나질 않았다. 우연히도 동자가 붓으로 종이에 내용을 수록하여 나에게 보여주기에 나는 화를 내며 물리치고 꾸짖었다.

　"나는 이런 말을 한 적이 없다. 이야말로 총림에서 죽 먹고 밥 먹은 기운이 뻗쳐서 한 헛소리니 마땅히 물리쳐야 하느니라."

주
:

1　활구(活句) : 사량분별을 끊어 자유자재한 본래의 생명을 되찾게 하는
　　가르침.
2　사구(死句) : 사량분별에 갇히게 만들어 지혜를 가리고 본래의 생명을
　　손상시키는 가르침.

01 성철스님이 가려 뽑은 한글 선어록

선을 묻는 이에게
천목중봉 스님의 산방야화

개정판 1쇄 인쇄	2017년 2월 27일
개정판 1쇄 발행	2017년 3월 3일
지은이	천목 중봉
감역	벽해 원택
발행인	여무의(원택)
발행처	도서출판 장경각
등록번호	합천 제1호
등록일자	1987년 11월 30일
본사	경남 합천군 가야면 해인사길 122 해인사 백련암
서울사무소	서울시 종로구 삼봉로 81(수송동, 두산위브파빌리온) 931호
	전화 (02)2198-5372 팩스 (050)5116-5374
	홈페이지 www.sungchol.org

편집·교정 문종남   디자인 김형조
홍보마케팅 김윤성   관 리 서연정

ⓒ 2017, 장경각

ISBN 978-89-93904-78-9 04220
ISBN 978-89-93904-77-2 (세트)

값 14,000원

※ 이 도서의 국립중앙도서관 출판예정도서목록(CIP)은 서지정보유통지원시스
템 홈페이지(http://seoji.nl.go.kr)와 국자자료공동목록시스템((http://www.
nl.go.kr/kolisnet)에서 이용하실 수 있습니다.
(CIP제어번호 : CIP2017004690)